PREMESSA

Il web ha rivoluzionato il mondo del lavoro e del marketing, tanto che ormai è difficile che un professionista non abbia – volente o nolente – una presenza online.

Questo libro vuole essere non soltanto una guida alle principali attività che oggi animano il web marketing, ma anche una riflessione su come queste si adattino e interagiscano con la professione dello psicologo. In particolare sono tre le riflessioni che ci guideranno lungo questo percorso.

Per prima cosa, le normali attività di web marketing applicate alla professione dello psicologo sollevano – alla luce del codice deontologico della professione e degli approcci teorici sull'accoglienza della domanda – una serie di riflessioni estremamente interessanti.

Secondo, promuovere un servizio significa contribuire a renderlo accessibile, aspetto che consideriamo implicito e imprescindibile dalle professioni sanitarie. Rendere accessibile servizi come la terapia o il consulto psicologico non solo significa raggiungere un maggior numero di persone ma anche evitare che queste si affidino ad alternative meno efficaci, se non dannose.

Terzo, non possiamo non considerare l'emergenza legata alla pandemia di Covid-19, un contesto critico soprattutto per le fasce più fragili della popolazione, che aggiunge alla capacità dello psicologo di essere facilmente raggiungibile – anche e soprattutto online – un ulteriore elemento di urgenza.

Infine, l'idea di questo libro è nata dal continuo scambio di vedute con le professionalità della salute mentale e sulla scia di molte esperienze analoghe che entrambi abbiamo avuto prima di conoscerci in quell'occasione. L'insieme di tutti questi confronti e riflessioni sono stati il terreno fertile da cui è nato questo lavoro che, speriamo, ne mantenga quanto più possibile lo spirito di condivisione.

Joe Casini
Luana Valletta

B4B

JOE CASINI   LUANA VALLETTA

RENDERSI ACCESSIBILI ONLINE

IL WEB MARKETING PER LA PROFESSIONE DELLO PSICOLOGO

WWW.BOOK4BUSINESS.COM

INDICE

INTRODUZIONE

In queste pagine non solo cercheremo di toccare le nozioni alla base del moderno web marketing ma anche di affrontarle tenendo sempre a mente quelle che sono le esigenze specifiche della professione dello psicologo, occupazione che tende ad assumere connotati anche molto diversi a seconda dell'ambito lavorativo in cui viene esercitata.

Oltre a questa parte del nostro percorso, che potremmo definire frontale e generica, porteremo avanti anche un discorso il più possibile ad hoc, in cui speriamo possiate trovare e selezionare delle soluzioni e idee utili al vostro caso specifico. Non tutti possono (o vogliono!) essere degli influencer e non tutti hanno il tempo o il bisogno di aprire un blog o essere attivi sui social. Per quanto tutto ciò di cui parleremo possa – in linea di principio – essere utile alla causa, promuovere la propria dimensione professionale nel mondo online è prima di tutto un'attività personale che risulterà tanto più efficace quanto più sarà vicino alla vostra **identità personale** e, quindi, portatrice di un valore di autenticità. Vogliamo quindi rassicurarvi: nessuna regola a priori è inderogabile, nessuna attività è di per sé obbligatoria. Questo principio vale per tutte le imprese e grandi organizzazioni con le quali affrontiamo da anni questi argomenti e crediamo valga a maggior ragione per uno psicologo.

In queste pagine scopriremo anche insieme – anche grazie al supporto di esercizi, esempi reali e box di approfondimento – come il web marketing possa essere utilizzato per **rendere più accessibile il vostro servizio**, valorizzando le vostre competenze e facendovi conoscere come professionisti. Uno dei punti su cui ci focalizzeremo con più attenzione sarà come intercettare la domanda nei diversi ambiti della psicologia.

Insomma, si tratta di compiere delle azioni con il fine di potenziare la vostra presenza online grazie al supporto di un sito web personale, canali social, l'utilizzo mirato dei siti dove vengono elencati diversi professionisti come le directory, pubblicità online a pagamento e strategie SEO ad hoc tenendo sempre in considerazione l'importanza della **reputazione** e del **personal branding**.

Internet è un mondo pieno di opportunità, ma anche una giungla caotica. Insieme cercheremo di orientarci per arrivare a definire quali di queste opportunità è giusta *per voi*. Ora è il momento di metterci al lavoro.

Buona lettura!

1. IL WEB MARKETING E LA PSICOLOGIA

*Prima di affrontare nello specifico tecniche e strumenti, vi proponiamo una riflessione con una semplice domanda: **uno psicologo fa marketing?** Si tratta di un quesito che, per nostra esperienza personale, suscita di solito reazioni contrastanti e agli antipodi. C'è di solito chi, da una parte, sostiene che lo psicologo faccia sempre marketing e chi dall'altra non vede conciliabile la professione con un'attività di promozione, ancora di più se online.*

Sebbene noi apparteniamo al primo gruppo di persone (altrimenti questo libro non avrebbe motivo di esistere!), crediamo che la ritrosia sia in qualche modo giustificata, soprattutto per colpa di alcuni approcci più spregiudicati che portano a pensare che fare marketing voglia dire semplicemente farsi pubblicità, con una serie di tecniche per 'vendersi', con il rischio di... 'svendersi'. Da professionisti nel campo possiamo dirvi quanto il marketing sia in verità qualcosa di ben più ampio e complesso. Non solo: esistono diverse e tante modalità con cui metterlo in pratica. Insomma, un professionista può scegliere.

Oltre al fastidioso marketing 'marchettaro', ovvero quello che assilla i clienti e fa di tutto per vendere qualcosa, ne esiste uno ben più efficace e meno aggressivo. Parliamo del marketing in gra-

do di dare una voce alla propria professione in maniera piena e soddisfacente nel rispetto della propria etica lavorativa e dei propri bisogni. Ed è in questo mondo che vogliamo condurvi.

Inoltre, riprendendo la domanda iniziale, bisogna considerare uno dei punti per noi focali: crediamo che nessuna professione più dello psicologo abbia gli strumenti adatti per fare marketing in maniera etica ed efficace! La **capacità di ascolto** – intesa nel senso più ampio possibile come la capacità di scoprire l'altro costruendo via via un'immagine di lui o lei coerente in base a tutte le informazioni che ci offre – come pure quella di analizzare e riformulare le domande che ci vengono poste sono strumenti potentissimi che nessun'altra professione può vantare.

Intanto iniziamo con il primo capitolo, in cui vogliamo mostrarvi come e perché il marketing oggigiorno, soprattutto con l'entrata del web, possa essere uno strumento d'aiuto eccezionale anche per la professione dello psicologo.

IL MARKETING:
uno scambio fra le parti

Secondo **Philip Kotler**, ritenuto il padre del marketing moderno, il marketing consiste "nell'individuazione e nel soddisfacimento dei bisogni umani e sociali", ovvero è un processo con cui gli individui e i gruppi sociali ottengono ciò di cui hanno bisogno attraverso la creazione, l'offerta e lo scambio di prodotti e di servizi di valore.

In quest'ottica – che è anche la nostra – il marketing è ciò che mette in contatto la domanda e l'offerta rendendo possibile uno scambio fra le parti. È un concetto intuitivo: se le aziende o i professionisti non facessero marketing saremmo a conoscenza solo di una minuscola parte dei prodotti e dei servizi disponibili ovvero, in parole povere, avremmo una minore libertà di scelta. Per questo siamo fermamente convinti che lo psicologo non soltanto possa ma **debba fare marketing**. È infatti grazie al marketing che può raggiungere un più ampio numero di persone, **rendere accessibile** il proprio servizio e dare maggiore possibilità di scelta a chi lo cerca.

CHE COS'È
il web marketing?

Se il marketing è l'insieme di attività che agevola uno scambio fra la domanda e l'offerta, il web marketing è quello che prevede l'utilizzo di Internet per pubblicizzare e dare visibilità alla propria professione. Questo include l'uso di social media, motori di ricerca, blog, video, website, e-mail e molto altro, come vedremo in seguito.

Non possiamo ignorare che oggigiorno una grande fetta di persone preferisca interagire con i professionisti e i brand tramite i **canali web** piuttosto che tramite quelli tradizionali e questa percentuale, anche a causa della pandemia in corso, sia destinata via via ad aumentare. Con questo non intendiamo dire sia obbligatorio per uno psicologo essere presente online, tuttavia non si può negare quanto **una delle prime fonti di informazioni sia ormai Google**.

Un tempo per le professioni sanitarie le strategie principali per acquisire contatti erano due: fare parte di una organizzazione che trasferisse sul professionista parte della sua reputazione (pensiamo a un ente ospedaliero o uno studio associato) e il passaparola (ovvero la testimonianza di una terza persona che in qualche modo garantiva per quel qualcuno). Questi canali tradizionali offline sono ancora oggi fondamentali e non devono assolutamente essere ignorati[1].

---

[1] Senza contare che gran parte delle tecniche di promozione online ricalcano questi due archetipi: si tratta di avere una buona reputazione e guadagnarsi la fiducia di chi non ci conosce.

Sia chiaro: l'online non esclude l'offline. Anzi, crediamo sia necessario cominciare a pensare in termini di presenza omnicanale, in cui le due realtà vengano combinate.

A proposito di questo, durante alcuni incontri con i colleghi la maggiore perplessità espressa da loro era la mole di impegno necessaria. È inutile girarci attorno: promuovere e dare visibilità alla propria professione richiede tempo ed energie. Così come lo richiede fare un percorso di supervisione oppure aggiornare il proprio bagaglio tecnico attraverso libri, convegni e corsi. Se però partiamo dal presupposto che rendere il nostro servizio accessibile sia una condizione necessaria per poter assolvere al nostro ruolo sociale (oltre che, non me ne vogliate, avere il giusto riconoscimento economico per gli anni di studio ed esperienza maturati), crediamo che l'obiezione del tempo passi in secondo piano e rientri in quell'equilibrio che ogni professionista deve trovare tra l'attività di **front-end** – erogazione del servizio – e quelle di **back-end** – quali, ad esempio, l'aggiornamento professionale o la parte amministrativa.
Per concludere:

> *Con le dovute accortezze il web può essere non soltanto una valida carta d'identità, ma un'occasione per essere presenti proprio laddove c'è bisogno, ovvero dove gli utenti, con le loro ricerche online, incarnano una domanda.*

NON ESISTE
giusto o sbagliato

Come portare il proprio messaggio nel web?
Oggigiorno sono tante e diverse le opportunità online per presentare un servizio e un'attività. La strategia da intraprendere dipende da diverse variabili fondamentali tra cui: a chi ci rivolgiamo (famiglie? sportivi? aziende?), quello che si vuole ottenere e il tempo e le risorse che si possono dedicare.

Proprio per questo vogliamo sottolineare come non possa e non debba esistere la strategia di marketing perfetta per tutti gli psicologi. Durante gli incontri con gli psicologi spesso si è ripetuto quanto in un percorso di promozione non si debba ragionare semplicemente nell'ottica giusto o sbagliato, ma in una logica più complessa che tenga in considerazione le caratteristiche di ciascun professionista per giungere a un mix di attività che sia efficace nel suo caso specifico. Quindi, meglio non credere a coloro che offrono formule magiche valide per tutti.

In quest'ottica diviene, invece, necessario parlare di **scelte coerenti** e **incoerenti**. Ci sono delle opzioni di marketing che possono essere più coerenti per uno psicologo dello sport e meno per uno psicologo di comunità.

Ci sono poi da considerare anche le **attitudini personali**. Cosa intendiamo? Sarebbe controproducente dirvi di creare un profilo Instagram ricco di vostre foto se poi non vi trovate a proprio agio davanti alla macchina fotografica, oppure invitarvi a realizzare un blog se non vi piace scrivere.

Oppure, se qualcuno non ama la tecnologia e ha un background più tradizionale, sarà meglio, per esempio, realizzare e promuovere un libro (che è comunque un modo per dare visibilità alla nostra professione) piuttosto che lanciarsi in dirette video sui social.

Per concludere, vogliamo sottolineare come, quando parliamo di promuovere noi stessi e la nostra professione, **solo noi possiamo conoscere il tragitto esatto**.

*L'**approccio ad hoc** è l'unico vincente. Ogni tecnica di web marketing deve essere contestualizzata considerando:*
- *la categoria psicologo*
- *l'identità professionale*
- *i tratti di personalità*

L'IMPORTANZA
dell'autenticità

La coerenza vale anche quando si parla di **registro** e **stile** da utilizzare nella comunicazione (il cosiddetto *tone of voice*). Nonostante sia evidente che contenuti più accattivanti e 'pop' si diffondano più facilmente sui social network, non tutti siamo costretti a optare per una presenza di questo genere. Anche in questo caso non ci sono regole esatte da poter applicare indistintamente e sta a ognuno di noi decidere il registro, ovvero se proporsi con uno stile più semplice oppure optare per uno più autorevole, o fermarsi in una via di mezzo.

Come vedremo più avanti la scelta del *tone of voice* è anche capace di influenzare il tipo di utenza che andremo a intercettare, per cui potrà anche essere fatta in maniera strategica. Tuttavia, per esperienza, nessun registro e stile si rivelano sostenibili nel medio-lungo periodo se non sono **autentici**, ovvero se non si basano in larga parte su quelle che effettivamente sono le caratteristiche del professionista o dell'azienda.

In questo senso, parlando maggiormente di contenuti, se il semplificare i concetti o renderli più "pop" per avvicinare una più ampia fascia di pubblico non è nelle vostre corde: **non fatelo**. Facilmente la vostra utenza sul lungo periodo individuerà l'incoerenza tra quello che in verità siete e quello che invece mostrate e potrebbe, da questo, essere allontanata. Non solo, se sceglierete di essere autentici sarà più facile leggere la nuova utenza che arriverà, ipotizzare sulla base di quali fantasie vi possa aver scelto tra tanti e instaurare l'alleanza terapeutica e lavorativa.

Per esempio, pensiamo al caso in cui un professionista dia vita a una pagina social simpatica e accessibile (magari gestita da un social media manager) ma poi, nel momento del primo colloquio, l'utente si trovi davanti uno psicologo con tutt'altro approccio, serio e distaccato. In questo caso con facilità si creerà una discrepanza, se non una diffidenza che potrebbe portare, anche, a un allontanamento del paziente.

Un altro esempio intuitivo sul tema dell'autenticità è la scelta della propria **foto profilo**. Chiunque di voi abbia già un sito web o una pagina social sa bene quanto la sua scelta sia uno dei momenti più difficili. Basta fare un giro nel web per imbattersi in foto profilo di tutti i tipi: con libri, mentre si fuma, in bianco e nero oppure con effetti artistici, con i tatuaggi in mostra oppure al computer, guardando sorridenti in camera o con l'espressione seria. Ne abbiamo trovate addirittura alcune con professionisti che indossavano delle maschere, oppure altre che mostravano solo il primo piano degli occhi. Non bisogna mai dimenticare quanto l'utente che visita il sito web ci scelga anche sulla base della foto profilo e sulle fantasie che questa attiva in lui/lei. Quindi, ricordiamoci sempre che con queste aspettative ciascuno di noi dovrà poi fare i conti durante l'accordo o il percorso terapeutico.

Gli obiettivi
del WEB MARKETING per psicologi

Parlando con un gruppo di colleghi non ci siamo certo sorpresi che, alla domanda sul perché valesse la pena avere una presenza online, alcuni di loro rispondessero "**trovare nuovi clienti**". Possiamo dire sia una delle questioni principali di qualsiasi attività e – personalmente – crediamo che negare l'importanza del riconoscimento economico nella propria professione sia deleterio quanto farne la priorità. È, quindi, evidente che quando parliamo di web marketing parliamo anche di vendere il proprio servizio. Tuttavia, per la professione psicologica bisogna apporre dei chiari distinguo e fare delle riflessioni ulteriori rispetto a quelle che potrebbe fare una società che vende prodotti hi-tech o un ingegnere elettronico.

Se fare web marketing significa portare un servizio laddove c'è una domanda, primo obiettivo di uno psicologo deve essere quello di **raggiungere quella domanda online**. Nel caso della professione psicologa la sua individuazione può essere particolarmente complicata, dato che la domanda dell'utenza è spesso legata a un bisogno ancora latente. Cosa intendiamo? Che il potenziale paziente/cliente spesso ha un grado limitato di consapevolezza del proprio bisogno, e questo lo porta a girare intorno alla questione nelle ricerche online.

Fortunatamente il web marketing ha oggi a disposizione diversi strumenti per poter intercettare la domanda, anche quando molto implicita, e per accompagnare l'utente in un percorso di consapevolezza che lo porti, alla fine, a contattarci.

Ecco, siamo convinti questo sia il motivo principale per cui gli psicologi debbano fare marketing: non si tratta solo di vendere il proprio servizio – con il doppio rovescio della medaglia, in termini sia di gratificazione economica sia di raggiungimento di un'utenza maggiore – ma di poter arrivare alle persone prima. Arrivare *prima* significa lavorare non sull'urgenza della fase acuta ma su un percorso caratterizzato da una curva meno ripida, evitando tra l'altro che quella domanda si disperda in soluzioni alternative poco professionali o di dubbia efficacia.

L'ASPETTO RELAZIONALE:
tecnica forte e tecnica debole

Siamo certi che molti di voi abbiano già familiarità con il concetto di tecnica forte e debole. Si tratta di qualcosa di importante per comprendere quanto il web marketing possa essere benefico per la professione. Vi proponiamo quello che diciamo di solito quando si tratta di sintetizzare la differenza tra tecnica forte e tecnica debole: la prima è quando si può rispondere a un cliente *"perché sì!"* senza incorrere in un'obiezione, la seconda è quando il cliente tende a rispondere con *"secondo me..."* e noi professionisti dobbiamo in qualche modo accogliere la sua opinione.

Quando un settore è basato sulla **tecnica forte**, come ad esempio l'ingegneria oppure l'informatica, è facile rispondere "perché sì!". Se avete un problema con il software del vostro computer, per esempio, chiederete aiuto a un esperto il quale vi guiderà nella soluzione senza che voi controbattiate. Anzi, probabilmente fareste volentieri a meno di tutte le spiegazioni, basta che il computer torni a funzionare al più presto! Se per caso aveste dei dubbi sull'intervento, se il tecnico vi rispondesse "perché sì!" probabilmente non insistereste: sicuramente ci saranno dei motivi, anche se voi non li capite. Il tecnico è lui e tendereste a fidarvi.

La **tecnica debole**, invece, è tipica delle professioni in cui la committenza pretende di stabilire un rapporto più simmetrico con il tecnico, e quindi è necessaria una maggiore negoziazione nella relazione. Rimanendo nel mondo dell'informatica, potremmo prendere come esempio il caso del web designer alle prese con la progettazione di un sito web. Anche se soltanto lui è in possesso del *know-how* tecnico, il web designer sarà sommerso dalle indicazioni del cliente su come disporre gli elementi, quali colori utilizzare e come organizzare le pagine.

In quest'ottica, come considerare la professione dello psicologo? Personalmente la consideriamo una professione basata sulla tecnica debole il che, come abbiamo visto, non significa che alla base non ci sia un importante bagaglio tecnico frutto di anni di studi ed esperienza, ma piuttosto considerare quanto la relazione con l'utenza sia più simmetrica (chiaramente non simmetrica in senso assoluto!) rispetto a quello che avviene in altre professioni. Così come lo psicologo non può risolvere il problema senza la partecipazione attiva dell'utenza, allo stesso modo il committente ha bisogno di sentirsi partecipe nel processo per poter dare un senso alle soluzioni proposte facendole così proprie. In questo senso possiamo vedere similitudini fra l'attività di marketing online e la professione. Vogliamo quindi concludere con una riflessione che crediamo al nostro scopo importante:

L'attività psicologica e il web marketing condividono un elemento essenziale per la loro riuscita: l'importanza del negoziare e stabilire la relazione con l'interlocutore.

DIFFERENZA TRA
marketing outbound e inbound

Le attività di web marketing possono essere divi-
se in due macro-categorie: le attività *outbound* e
quelle *inbound*. La differenza tra le due categorie
è la fonte dell'interesse: nel marketing *outbound*
siamo noi a raggiungere l'utente, nel marketing
inbound è il nostro utente che si attiva per raccogliere informazioni su di noi.

Il **pop-up** che compare sul sito e la pubblicità
trasmessa in mezzo a uno show televisivo sono
esempi esempi di marketing *outbound* (chiamato, infatti, anche marketing dell'interruzione). Un
altro esempio di attività *outbound* sono le **newsletter**, ovvero le email che vengono mandate ai
contatti per aggiornarli o inviare loro contenuti. In
questo caso, però, siamo davanti a un *outbound*
atipico: si tratta, infatti, di un servizio a cui l'utente
deve iscriversi e a cui può disiscriversi in qualsiasi
momento. La newsletter è sicuramente un mezzo
meno aggressivo di un pop-up.

L'**inbound,** al contrario, è meno invasivo e a nostro avviso molto più interessante. È il marketing
che parte dai motori di ricerca (usiamo il plurale
perché si considerano come tali non soltanto Google o Yahoo, ma anche Amazon, Youtube e Facebook). In tutti questi casi l'utente formula una domanda – più o meno esplicita – sulla piattaforma
e ottiene in cambio delle informazioni, che possono comparire sotto forma di post, siti web o video.

Si tratta, quindi, di **partire dal bisogno formulato dall'utente nel modo in cui l'utente lo formula**, attività nella quale, come già accennato, gli psicologi hanno già dimestichezza.

Le modalità legate all'inbound vanno a instaurare, prima di tutto, un dialogo con gli utenti, cercando l'ascolto, indagando i loro interessi, coltivando quell'aspetto relazione. L'utente naviga nel web o scorre i social cercando contenuti e noi psicologi glieli forniamo e così catturiamo la sua attenzione in maniera soft e accogliente. Nel fornirgli il contenuto ricercato valorizziamo noi stessi e il nostro servizio provando, poi, a portare il suo interesse sulla nostra offerta.

INDIVIDUARE
il target di riferimento

Prima di definire e iniziare una strategia di web marketing bisogna individuare il proprio '**interlocutore-tipo**', ovvero il target di riferimento. Se ci occupiamo di sport, difficilmente il nostro ricevente sarà una coppia in crisi, così come se siamo specializzati in interventi in aziende *corporate* il nostro target non sarà la microimpresa con due dipendenti. Qualora ci occupassimo di clinica potremmo essere specializzati in campi specifici come età evolutiva, disturbi dell'apprendimento, alimentazione, sessuologia o terapia familiare. Nel proprio percorso formativo ciascuno di voi ha, in qualche modo, scelto un paziente-tipo (senza per questo precludersi di accogliere uno spettro più ampio di richieste). In quest'ottica non crediamo sia controproducente pensare *in primis* a lui/lei mentre progettiamo la nostra strategia di web marketing. Anche perché una strategia ampia, con un target misto ed eterogeneo potrebbe essere dispersiva e, quindi, meno fruttuosa.

Prima di intraprendere un piano di marketing, pensiamo sia importante definire l'utenza anche perché:

• **Potete risparmiare.** Se sapete a chi dovete rivolgervi risparmierete tempo e budget perché saprete esattamente dove essere presenti, dove fare pubblicità e a quale fascia di utenti rivolgervi.

- **Il vostro sito web può essere ottimizzato con più efficacia.** Come vedremo più avanti nello specifico, per fare in modo che il vostro sito sia in una buona posizione nei motori di ricerca dovete usare delle parole chiave, ovvero *keyword*, e dei contenuti ad hoc. Se sapete qual'è il vostro utente tipo, sarà, quindi, più facile che il vostro sito non si perda fra i milioni presenti inerenti alla professione psicologa.

- Potete affermarvi come **leader** nel vostro settore. Se conoscete il vostro interlocutore-tipo avrete maggiore probabilità di spiccare e diventare il leader virtuale in quella nicchia.

FOCUS:
definire l'utenza, ovvero la buyer persona

Una delle tecniche che più spesso viene utilizzata nel definire il target delle attività di web marketing è quella della cosiddetta *buyer persona*. Questa tecnica consiste nel definire ciascun target creando un profilo immaginario di una persona, con tanto di nome, sesso, età, interessi etc. Il nostro consiglio in questo caso è di partire dai clienti che già avete, in particolare da quelli più emblematici (perché, per esempio, portano una richiesta ricorrente o rientrano in un profilo socio-demografico comune a molti altri vostri clienti). Se siete alle prime armi e quindi non avete un elenco di clienti, provate a immaginare a quali siano i 'destinatari-tipo' che avete incontrato durante il vostro percorso di studi, oppure ispiratevi a esempi di colleghi online che a vostro avviso parlano in maniera molto chiara a un preciso target.

Una volta che avete l'elenco, scrivete su un foglio il nome di ciascun cliente insieme alle sue caratteristiche principali, quali ad esempio: età, sesso o professione. Aggiungete, poi, anche altre informazioni utili a tracciarne un profilo. Per aiutarvi potreste rispondere a queste domande:

- Come sono entrati in contatto con me?
- Con quale domanda sono arrivati al primo incontro?

- Quali strade alternative avevano già provato per risolvere il loro problema?
- Qual è la loro principale preoccupazione?

Una volta che avrete arricchito il loro profilo con le risposte ai quesiti, provate a vedere se ci sono degli elementi ricorrenti e se da questi potete ricavare un profilo a cui dare un nome. Dovreste, così, arrivare ad avere una categoria di utenti-tipo su cui impostare la vostra strategia di web marketing.

LA SOGLIA
di attivazione

Alla base del moderno web marketing c'è il concetto di soglia di attivazione con cui crediamo molti di voi abbiano gia dimestichezza. Si tratta, a nostro avviso, di una delle proprietà più eleganti e potenti del nostro cervello, che può essere applicata a un'infinità di situazioni.

La soglia di attivazione è, infatti, il livello energetico oltre il quale un neurone si attiva liberando il proprio potenziale di azione. Proprio come un neurone si accende nel momento in cui la somma degli input energetici che riceve attraverso le sinapsi supera il valore della soglia di attivazione, allo stesso modo possiamo immaginare che ciascuno di noi compia una determinata azione nel momento in cui la somma delle motivazioni a sostegno superi la nostra inerzia e le nostre resistenze al cambiamento.

Per fare un esempio pratico, vorremmo soffermarci sull'ipotesi di una pubblicazione di un nuovo libro. Ecco i possibili scenari, considerando la distanza dalla soglia di attivazione:

1. L'uscita in commercio di un libro per sé non è mai un motivo sufficiente per acquistarlo (altrimenti ci ritroveremmo a comprare tutti i libri pubblicati!). In questo caso, con solo questa informazione, la motivazione ad acquistar-

lo è pari a zero e – poniamo – la nostra soglia di attivazione per il comportamento 'acquista' è pari ancora a 10, il suo massimo.

2. Nel caso noi a casa abbiamo già tutti i libri pubblicati dell'autore, l'uscita in commercio potrebbe sicuramente interessarci. La nostra motivazione a comprare il libro si troverebbe, quindi, sopra il valore della soglia di attivazione.

3. Se al contrario conoscessimo l'autore ma non avessimo mai letto un suo libro: la nostra motivazione potrebbe arrivare a valori più modesti (ad esempio pari a 3). Se poi incuriositi leggessimo la sinossi e scoprissimo che tratta argomenti che in particolar modo ci interessano, la nostra motivazione all'acquisto potrebbe raggiungere il valore di 9 punti. Tuttavia, non siamo ancora convintissimi: abbiamo così tanti libri a casa da leggere! Ma se infine ci ricordassimo improvvisamente che un nostro amico lo ha già letto e ce ne ha parlato molto bene, allora la somma di questi tre input (il conoscerlo, l'interesse e il consiglio dell'amico) potrebbe portare il livello della nostra motivazione oltre il valore 10 della nostra soglia di attivazione e, quindi, alla fine farcelo acquistare!

Riepilogando, la soglia di attivazione per il comportamento da parte dell'utente è pari a 10, quando:
• l'utente conosce l'autore e ha già tutti i suoi libri precedenti a casa;

- l'utente conosce vagamente l'autore, gli argomenti di cui parla il libro lo interessano e un suo amico lo ha già letto parlandone bene.

Il web marketing moderno si basa esattamente su questo principio, ovvero ipotizzare delle caratteristiche o delle condizioni che incentivino l'utente a compiere l'azione che intendiamo fargli fare, assegnare a ciascuna di esse un punteggio e proporre all'utente di svolgere l'azione solo quando siamo sicuri o quasi sicuri che ci dirà di sì.

FOCUS:
la teoria delle finestre rotte

La teoria delle finestre rotte deriva da un esperimento di psicologia sociale promosso dall'Università di Stanford nel 1969, messa poi in pratica a **New York** dal sindaco Rudy Giuliani negli anni Novanta, tempi in cui la città aveva un altissimo tasso di criminalità.

La teoria afferma che il contesto in cui si vive porta più o meno ad atti criminali: se noi abbiamo una finestra con sei vetri e qualcuno ne rompe uno e noi la lasciamo rotto, facilmente verranno, poi, rotti anche gli altri. Al contrario, se ripariamo la finestra subito, sarà più difficile che vengano rotti anche gli altri vetri. Quindi, un contesto di trascuratezza incita e promuove il degrado.

Giuliani applicò la teoria soprattutto nella metropolitana newyorkese in cui avvenivano molti crimini, tra cui lo spaccio e il consumo di stupefacenti. Non solo organizzò dei punti capillari di controllo dei biglietti, altrimenti si incorreva a una multa, ma fece anche ridipingere e restaurare le stazioni e i treni. Questo modificò l'idea che la metropolitana fosse un luogo abbandonato e senza cure e portò a una sostanziale diminuzione dei crimini.

In quest'ottica potremmo dire che ogni comportamento ha una **soglia di attivazione**, spinta non solo dalle caratteristiche individuali ma anche dal luogo in cui si agisce. Insomma, ognuno di noi è influenzato dal contesto.

Quando la soglia di attivazione arriva al **punto critico** di condivisione si giunge ai macro cambiamenti sociali. Cosa significa? Solo quando un comportamento ottiene una certa diffusione può diventare epidemico ovvero raggiungere un livello in cui inevitabilmente anche chi è meno propenso a quel comportamento finisce per adottarlo. Ed è in questa maniera, anche, che il marketing agisce. Tutto il marketing ruota intorno all'idea di innescare, nell'utente che abbiamo davanti, un comportamento, con la speranza si diffonda a livello macro.

FOCUS

Come 'SCALDARE' i contatti

In una strategia di web marketing è importante sapere quando un utente è a un livello di interesse basso, medio o elevato. Questo può aiutarci a non fare passi falsi, ad esempio investendo risorse per fargli vedere una pubblicità che ignorerà perché ancora poco interessato al servizio. Nel gergo del web marketing questo livello di interesse viene chiamato **temperatura** e pertanto un contatto sarà inizialmente *freddo* e diventerà sempre più *caldo* mano a mano che lo *scalderemo* con le nostre attività.

Vendita a freddo viene chiamata l'offerta che si fa a un potenziale cliente con un livello di interesse basso ed è il peggiore errore che possa essere fatto a livello professionale[2]. È inutile, infatti, proporre a qualcuno di compiere un'azione quando le resistenze sono troppo alte: riceveremmo senz'altro un rifiuto. Inoltre, non solo non avremmo raggiunto il nostro obiettivo in quel momento, ma correremmo anche il rischio di perdere per sempre la possibilità di dialogare con il cliente.

Potremmo fare un paragone con il modello transteorico del cambiamento proposto da Prochaska e Di Clemente, in cui un passaggio fondamentale

---

[2] D'obbligo l'analogia con la professione dello psicologo se pensiamo, ad esempio, a un intervento fatto prematuramente quando le difese del paziente sono ancora troppo alte.

per promuovere il cambiamento è proprio quello di valutare la reale disponibilità del nostro interlocutore (ci sta solo pensando o ha già in atto alcuni comportamenti?) per trovare le modalità di intervento più efficaci.

Nell'esempio del capitolo precedente abbiamo visto come la soglia di attivazione per l'acquisto del nostro libro dovesse essere pari a 10 e venisse raggiunta con:

- 3 punti quando l'utente conosce già l'autore;
- altri 6 punti in base ai temi trattati;
- i punti rimanenti in base al consiglio di un amico.

Il nostro obiettivo è, quindi, quello di portare avanti il dialogo con l'utente fino a quando non si verificano tutte e tre le condizioni e solo a quel punto, quando pensiamo sia *caldo*, provare a fare la vendita (in qualunque passaggio intermedio il nostro utente si rifiuterebbe).

FOCUS:
il percorso del lead, dalla lead generation alla lead nurturing

Il **lead** è il contatto che è in procinto di essere trasformato in un cliente (in gergo si dice convertito). Indichiamo con **lead generation** tutte quelle attività finalizzate ad attirare l'attenzione del nostro target così da creare nuovi contatti. Un contatto diventa un lead quando esprime il suo interesse d'acquisto. Le azioni di lead generation mirano, quindi, a far sì che gli utenti facciano il primo passo verso l'azienda o il servizio. La lead generation, inoltre, comprende tutti i passaggi che consentono di incoraggiare un contatto a compiere un'azione che possa rivelare il loro interesse. Come? Per esempio, lasciando i propri dati anagrafici, iscrivendosi alla newsletter, chiamando un numero di contatto, scaricando contenuti premium. A quel punto il nostro visitatore anonimo diventa una persona con nome e cognome.

È qui che entra in gioco la **lead nurturing**, che raggruppa invece tutte le azioni di 'nutrimento' mirate alla conversione dei lead in clienti. Si tratta in linea di principio di azioni che propongono nuovi contenuti di interesse in base a ciascun target: ad esempio un post sugli adolescenti per i contatti che hanno figli di quell'età, oppure inviti a partecipare a webinar sulle dinamiche di gruppo per i contatti manager in azienda. Questi contenuti, se ben focalizzati, contribuiscono a 'scaldare' il lead e a darci un'idea, con la sua partecipazione, di quanto quel contatto sia interessato alle tematiche che gli stiamo proponendo.

Quando arriviamo al punto in cui riterremo il contatto 'caldo', ovvero pronto per la vendita, allora e solo allora potremo proporgli il nostro servizio, partendo però da una posizione privilegiata: non più una vendita 'a freddo', ma 'a caldo' dove possiamo far leva sugli argomenti che sappiamo essere di suo interesse parlando, così, il suo stesso linguaggio.

FUNNEL MARKETING:
fasi attività a imbuto

Ma come si porta avanti un dialogo con ciascun utente? Come si riesce a farlo passare da freddo a caldo? Bisogna mettersi a rispondere a centinaia di post su Facebook? Ovviamente no, ma ci arriveremo a breve. Prima manca un ultimo tassello alle nostre premesse, ovvero il **funnel marketing**! Come evoca il nome stesso (*funnel* in inglese significa 'imbuto'), il *funnel marketing* è il modello usato per descrivere e analizzare il percorso compiuto dall'utente nel processo di acquisto di un prodotto o servizio, ad esempio definendo le fasi che deve attraversare per diventare da freddo a caldo.

Il *funnel* è uno strumento concettuale molto potente che può essere applicato in moltissimi ambiti. Nella gestione dei processi aziendali, per esempio, spesso viene chiamato *pipeline* e rappresenta la serie di step consecutivi da eseguire per terminare un compito.

Pensiamo all'ipotetico *funnel* offline di uno psicologo clinico: si inizia con il contatto telefonico, si inizia con il primo contatto (che può essere telefonico oppure via web) e si passa poi al primo appuntamento, al quale seguono inizialmente un certo numero di incontri dedicati all'anamnesi e all'analisi della domanda, per poi definire e condividere il resto del percorso.

Quest'ultima è una fase che ha molto valore perché il paziente, ormai lontano dalla fase acuta di bisogno, ha assimilato i benefici del percorso terapeutico e può decidere di lavorare su altri aspetti, visto l'impatto positivo sulla sua vita.

Lo stesso meccanismo avviene nel web marketing. Pensiamo a un follower della nostra pagina Facebook professionale che interviene spesso commentando o semplicemente mettendo like ai nostri contenuti. Per una finestra di tempo potrebbe non fare altro, è un follower fidelizzato con cui, però, non abbiamo contatto diretto. Poi, un giorno, a causa di un evento capitato nella sua vita, decide di approfondire e visita il nostro sito dove magari, trovando dei contenuti interessanti, si iscrive alla newsletter. Il contatto è così passato da tiepido a caldo. In questa fase potrebbe convenire fare il **pitch** (proposta), intervenire per arrivare al nostro obiettivo: quello di portare un cambiamento nella relazione e di arrivare a un dialogo diretto, che potrebbe culminare con un rapporto di lavoro.

Un'ottima strategia di web marketing per uno psicologo si muove in questa direzione, con tutte le intenzioni di dare vita a un processo che porti non solo al raggiungimento dell'accordo lavorativo ma anche portare un servizio sanitario laddove ce n'è bisogno.

FOCUS:
i grandi effetti dei piccoli cambiamenti

I cambiamenti sociali obbediscono alle stesse leggi delle epidemie. È quello che afferma il sociologo canadese Malcolm Gladwell nel suo bestseller *Il punto critico i grandi effetti dei piccoli cambiamenti* (2000). Mode, ossessioni, comportamenti positivi prendono piede come dei virus attraverso il passaparola e l'imitazione per poi divenire assimilati da tutti quando superano una certa soglia. Questa soglia è definita dal sociologo: **punto critico**.

L'invito è quello di innescare epidemie positive in modo da trasformare il mondo. In questo senso, il web marketing dà la possibilità agli psicologi di creare un circolo di accoglienza e supporto con la speranza che si espanda oltre l'immaginabile.

CONCLUSIONI

In questo capitolo abbiamo fatto una rapida panoramica dei principi alla base del moderno web marketing. Prima di parlare di siti web e social network è infatti importante condividere gli obiettivi con i quali analizzeremo ciascuno strumento. Ricordiamoci, di nuovo, che non esistono strumenti giusti e sbagliati, come non esiste una ricetta magica di web marketing che chiunque di voi possa seguire per avere più contatti.

Il nostro obiettivo è quello di farci conoscere come professionisti in maniera **autentica**: il presupposto di ciò è avere ben chiara la nostra identità professionale (e di conseguenza scegliere quali strumenti utilizzare e come), su cui applicare il metodo **funnel**.

Il marketing funnel è lo strumento che ci permette di interagire con i nostri contatti, partendo da degli archetipi (le **buyer persona**) ma costruendo percorsi suddivisi in step (quelli del funnel, appunto) dove a ogni step corrisponde un livello maggiore di coinvolgimento e motivazione (anche detto **engagement**), ovvero una maggiore 'temperatura' del contatto che passa così dall'essere 'freddo' al diventare 'caldo', ossia pronto per il nostro **pitch**.

WORKSHOP:
le tue aspettative
e le tue paure

Come abbiamo più volte sottolineato il percorso che stiamo facendo, per quanto simile, porterà a conclusioni diverse per ciascuno di voi. Qualsiasi cammino vincente di web marketing, come detto, deve essere centrato sulle specificità individuali.

Per capire come agire online nel migliore dei modi, crediamo sia assolutamente necessario che ognuno di voi si fermi e rifletta sulle proprie aspettative e sulle proprie paure.

A tal proposito vogliamo raccontarvi un aneddoto avvenuto durante uno scambio di idee con altri colleghi che ci avrebbe in seguito fornito spunti interessanti per la stesura di questo libro. A un certo punto uno di loro chiese se il preventivo che aveva appena ricevuto per un percorso di web marketing fosse caro. Si tratta di una domanda che riceviamo frequentemente e a cui rispondiamo sempre in maniera simile: prima di tutto, chiariamo che risulta difficile valutare un preventivo senza conoscere il professionista che lo ha fatto (ovvero il suo livello di qualità) e le richieste che ha ricevuto (ovvero la quantità di attività che ha preventivato). Chiarito ciò, consigliamo – sempre – di ascoltare il proprio istinto. Se il preventivo sembra caro allora, probabilmente, lo è! Non parliamo di un valore oggettivo, ma personale. Ovvero, se un cliente ha delle aspettative molto basse sull'utilità di quella attività, allora è logico che voglia spendere di meno. Quindi, lo specialista di web marketing ha in qualche modo fallito l'analisi della domanda: o non ha colto a pieno le sue richieste oppure non è stato sufficientemente efficace nell'illustrare la propria proposta. Qualunque sia il motivo, se un potenziale cliente non è convinto dell'offerta ricevuta, significa solo una cosa: la necessità sia di riflettere ulteriormente sulle proprie aspettative sia di parlare nuovamente con il professionista in questione.

Come? Prendetevi qualche minuto e scrivete almeno cinque motivi per cui pensiate che il web marketing possa essere benefico e cinque motivi per cui pensiate possa essere nocivo.

ASPETTATIVE (Perché voglio fare web marketing...)	RESISTENZE (Perché NON voglio fare web marketing...)

2. LA PRESENZA ONLINE

Quando parliamo di web marketing alle aziende che vogliono iniziare un percorso siamo soliti dire: "*I tuoi clienti ti stanno già cercando*". Potrebbe sembrare una frase puramente motivazionale, invece racchiude una verità: i clienti sono già là fuori e – a modo loro – stanno già esprimendo la propria domanda; sta a noi capire come arrivare a loro e farci, così, trovare.

L'idea errata più comune sul web è che sia sufficiente essere presenti per vedere arrivare nuove opportunità di lavoro e nuovi clienti, il che equivale a dire che basti aprire un negozio in mezzo alle montagne per vedere arrivare clienti. La realtà è ben diversa. Proprio perché il mondo online si mostra come un luogo caotico di stimoli e possibilità, dovete mettere in atto movimenti precisi e mirati che rendano la vostra presenza una **presenza attiva** in modo da arrivare a quei clienti che "vi stanno cercando".

Inoltre, per attuare una strategia di web marketing online efficace vi consigliamo non solo di capire quali sono gli strumenti e gli elementi tecnologici che potete utilizzare in base alla vostra professione e alla vostra buyer persona, ma anche di decidere quale **linguaggio** parlare per incuriosirla e avvicinarla.

Parlare lo stesso linguaggio del vostro target, ovvero formulare la vostra offerta nei termini in cui l'utenza formula la domanda, è un passaggio fondamentale per dare inizio al dialogo.

Tutto questo ora vi potrebbe sembrare complicato, ma in verità si tratta, come vi illustriamo in questo capitolo, di implementare e usare gli strumenti e le strategie più adatte.

I CANALI
del web marketing

Quello del web marketing è un percorso che ci offre diverse strade da poter intraprendere.
La cosa bella è che di queste strade – anche dette canali – possiamo scegliere di seguirne più di una. I canali di marketing sono tutte le piattaforme che permettono il passaggio di informazioni tra chi le pubblica (anche detto **content provider**) e chi le riceve (l'**utente**). Sono, quindi, canali il vostro sito web, il profilo Facebook o un form di contatto su un portale web.

Content provider
Coloro che forniscono informazioni agli utenti, approfondimenti su un argomento o un prodotto da acquistare.
Utenti
Coloro che sono alla ricerca di informazioni e contenuti e che, tramite la loro ricerca, forniscono informazioni in maniera implicita (le raccolte dati).

La cosa interessante dei canali di marketing è che, oltre alle informazioni contenute nel messaggio, ne trasmettono altre in forma più o meno esplicita. Un esempio: quando pubblichiamo sul nostro sito web un post sui rimedi per l'insonnia non solo abbiamo l'informazione scritta all'interno dell'articolo, ma, anche, ad esempio, con gli strumenti di analisi, possiamo essere informati sulla tipologia e quanti utenti lo hanno letto e da quali Paesi.

Un'altra informazione importante è la scelta del canale stesso: non tutti i canali sono adeguati per tutti gli obiettivi e fasce di pubblico, e il fatto stesso che un utente legga il nostro contenuto su un canale piuttosto che un altro ci dà informazioni sul suo conto.

I motori di RICERCA

Tra i canali più importanti per il web marketing ci sono sicuramente i motori di ricerca. Vicino ai motori di ricerca puri, come **Google** o **Yahoo**, abbiamo i siti web nati con altri fini che però utilizziamo per avere informazioni, come i portali **e-commerce** (per la ricerca di prodotti) e i **social media** (per la ricerca di persone, di video, di notizie etc).
Ormai è assodato che – sebbene i motori di ricerca comunemente intesi come Google giochino ancora il ruolo principale – le persone cerchino le informazioni di cui hanno bisogno su una pluralità mista di piattaforme. Se, per esempio, abbiamo bisogno di sapere come si sostituisce un sifone in un lavandino oppure vogliamo ascoltare il celebre discorso di Kennedy a Berlino, facilmente ci rivolgiamo a YouTube con una ricerca video, invece che a Google. Se invece vogliamo conoscere le referenze di un nuovo contatto lavorativo, potremmo decidere di effettuare la ricerca su Linkedin oppure su Amazon (aver pubblicato un libro su un argomento è di solito una buona referenza).

In senso ampio possiamo considerare motori di ricerca tutte queste tipologie di siti web:
· listing di siti web (Google, Yahoo, Bing)
· e-commerce (Asos, Amazon)
· social media (Youtube, Pinterest, Tumblr
· social network (Facebook, instagram, Twitter)

FOCUS:
i motori di ricerca oltre Google

Google è il primo motore di ricerca in Europa e America. Al secondo posto troviamo... YouTube e Amazon. Un altro atipico motore di ricerca può essere Google Maps, che viene utilizzato dagli utenti che vogliono trovare un servizio vicino casa o in un dato territorio.

Pensiamo anche a Facebook consultato da alcuni come fonte di informazione. Insomma, spesso la differenza fra le diverse piattaforme è sottile. I canali tendono, sempre, a mischiarsi.

I LISTING di siti web

Un sito web o un blog[3] è spesso uno strumento indispensabile per un'attività in quanto fornisce una piattaforma dedicata in cui potete istruire il pubblico sul vostro servizio e attività. Nonostante un sito possa essere raggiunto direttamente (per esempio se date un biglietto da visita con sopra scritto l'indirizzo), nella maggior parte dei casi gli utenti lo troveranno attraverso un motore di ricerca, ovvero una piattaforma che, analizzandone i contenuti, lo suggerisce tra i risultati (tecnicamente chiamati **SERP**).

Questa attività, ovvero quella di costruire un sito web in maniera tale che i motori di ricerca, tra cui in primis Google, lo promuovano nei propri esiti, viene chiamata *Search Engine Optimization* (**SEO**).
I motori di ricerca danno anche la possibilità di mettere in evidenza il proprio sito tramite annunci a pagamento e in questo caso si parla di *Search Engine Marketing* (**SEM**). Di SEO e SEM ne parleremo in maniera più approfondita fra poco.

---

[3] I due termini vengono a volte usati in maniera alternativa e questo genera un po' di confusione. Il sito web, come sappiamo, può essere formato da tante pagine o sezioni. Il blog è una raccolta di articoli, detti post, con spesso una connotazione personale. Il blog è quindi una sezione di un sito web. Un esempio: il sito web di La Repubblica contiene al suo interno diversi blog tenuti da alcuni dei suoi giornalisti.

E-commerce

Si riferisce a qualsiasi forma di offerta e transazione commerciale condotta nel web. L'esempio più popolare di e-commerce è lo **shopping online**, definito come l'acquisto e la vendita di beni via Internet su qualsiasi dispositivo. Tuttavia, l'e-commerce può comportare anche altri tipi di attività, come aste online, gateway di pagamento, biglietteria online e internet banking. Molti siti ormai implementano al proprio interno funzionalità e-commerce e crediamo che, con un po' di creatività, possa essere un settore interessante anche per alcuni servizi di nicchia in ambito psicologico. Pensiamo solo a come, con l'avvento della pandemia, la domanda di terapia online sia balzata a numeri ragguardevoli.

Oltre a vendere online la propria professionalità, un aspetto interessante dell'e-commerce è legato ai mercati online come Amazon, dove uno psicologo con una spiccata propensione divulgativa può realizzare e mettere in vendita i suoi libri. Se fino a qualche anno fa per pubblicare un saggio o un manuale era indispensabile una casa editrice, oggi, grazie all'acquisto online si può scegliere per l'autopubblicazione (opzione non dispendiosa se pensiamo all'ebook). Pubblicare libri con la propria firma è un buon modo per promuovere la professione e aumentare la reputazione. Non solo: un professionista potrebbe riuscire a posizionarsi come esperto nella nicchia di utenza di suo interesse.

SOCIAL NETWORK
& social media

Spesso i social network vengono confusi con i social media e viceversa. È comprensibile dato che si tratta di due strumenti molto simili. La differenza principale è che mentre i **social network**, come Facebook o Instagram, sono reti orientate a mettere in connessione le persone, i **social media**, come YouTube o Pinterest, mettono in contatto contenuti multimediali.

Oltre a essere un ottimo modo per ottenere nuovi contatti, i social offrono anche la possibilità di prendere parte alle conversazioni che avvengono al loro interno, interagendo con colleghi e personaggi più o meno noti. Durante le nostre formazioni abbiamo avuto modo di verificare come, tra tutti gli argomenti, quello dei social fosse quello che più interessava ma anche più spaventava (giustamente) gli psicologi. Per questo, nella sezione dedicata ai social, porteremo alcuni esempi di professionisti che a nostro avviso li utilizzano con la metodologia e lo spirito giusto[4].

---

[4] Non ci sono tuttavia, anche in questo caso, formule magiche e ogni esempio deve servirci come ispirazione per trovare la nostra strada e anche per rifiutare gli approcci che riteniamo non adatti al nostro percorso.

IL SITO WEB:
la tua carta d'identità

Un sito web resta a nostro avviso lo strumento principe per la presenza online. Può valere come una **carta d'identità** in grado di comunicare ai tuoi potenziali clienti non solo chi sei, dove pratichi e cosa offri ma anche la tua personalità e la tua attitudine.

Anche se non ci sentiamo di affermare che tutti gli psicologi debbano avere per forza un sito web, siamo convinti che averne uno possa essere una buona idea per la maggior parte di essi, soprattutto per alcune specializzazioni come gli psicologi del lavoro oppure quelli dello sport.

Un sito è anche essenziale qualora voi decidiate di sponsorizzare a pagamento la vostra pratica online. In questa maniera, promuovendo degli annunci su Google Ads o Facebook Ads, le persone saranno guidate al vostro sito web, in cui potranno conoscere maggiormente la vostra identità professionale, entrare in contatto con voi o scaricare del materiale. Insomma, il sito web può divenire lo strumento ideale per rimanere in contatto con i potenziali clienti e coltivare un rapporto con essi.

Per contro, se lavorate in clinica o se siete soliti ottenere i vostri pazienti principalmente grazie a servizi e associazioni sul territorio, potreste non avere bisogno con la stessa urgenza di un sito personale.

FOCUS:
i portali per psicologi

Negli ultimi anni sono nate diverse *directory* per professionisti, ovvero **siti vetrina** dove vengono raccolti migliaia di profili di professionisti. Questi siti offrono spesso la possibilità di registrarsi gratuitamente per poi arricchire il proprio profilo con funzionalità premium a pagamento.

Sono strumenti usati da molti professionisti e spesso fra psicologi una delle domande ricorrenti emerse era se valesse la pena essere presenti su queste piattaforme. Al di là dei benefici economici (se li utilizzate, vi consigliamo di calcolare i pazienti ottenuti rispetto al costo sostenuto per comprendere quanto e se sono fruttuosi), personalmente non sostituiremo mai un sito web personale con una scheda su un portale di professionisti.

I motivi sono principalmente due: il primo è che un sito web ci dà non soltanto la possibilità di definire qualunque aspetto nei dettagli, ma anche di arricchirlo nel tempo con nuove sezioni (come, ad esempio, un elenco di pubblicazioni, un blog o una sezione e-commerce). Il secondo motivo è che non possiamo sapere e prevedere come queste piattaforme si evolvano nel tempo (o quando e se cesseranno di esistere). Legare la nostra immagine professionale ad esse potrebbe essere controproducente sul medio-lungo periodo.

C'è poi un'ultima considerazione da fare. Bisogna riflettere sul tipo di utenza che si rivolge a una piattaforma dove le schede di presentazione dei professionisti sono sostanzialmente identiche e la scelta viene, quindi, fatta sulla base della vicinanza geografica (molti Ordini professionali, tra i quali ad esempio l'Ordine degli Psicologi dell'Emilia-Romagna, offrono agli utenti la possibilità di geolocalizzare i professionisti che hanno vicino) o della tariffa pubblicata. Insomma, anche in questo caso crediamo sia necessario, per decidere se puntare o meno a una directory, porsi delle domande sul nostro servizio, sui nostri obiettivi e sul nostro target di riferimento.

Grazie a un sito potete anche risparmiare tempo. Ad esempio, se ricevete molte domande via email sulla tipologia di servizio o di terapia che offrite, potete aggiungere una sezione *FAQ domande frequenti*, o se è difficile trovare il vostro studio, potete spiegare come arrivarci.

Anche quando decidete il design di un sito web dovete assolutamente considerare il **target di riferimento**. Costruirne uno che parli alle aziende, alle famiglie oppure a un'utenza più giovane significa scegliere uno stile e un linguaggio differenti. Decidere il design può essere un'attività insidiosa. Questo perché, come abbiamo già detto, la vostra presenza online deve rappresentare in maniera autentica la vostra dimensione professionale. Quindi, siete chiamati in campo a utilizzare il vostro gusto professionale per giudicare le proposte che i web designer vi faranno. Inoltre, è bene ricordare quanto **il vostro sito web come professionisti non debba essere il vostro sito web personale**, quindi prestate sempre attenzione alle scelte che fate, in particolare quando si tratta di foto e testi.

La personalizzazione non è, quindi, solo un progetto creativo: l'obiettivo è soprattutto quello di costruire uno strumento capace di farvi identificare come professionista, anche grazie a pagine arricchenti di argomenti specifici come un blog oppure le referenze riportate nella sezione con la vostra biografia.

La parola ai colleghi

«Fare un sito professionale
significa mettere a fuoco le proprie
competenze, essere autentici,
credibili e buoni imprenditori
di se stessi. È un processo in
progress: è definire una propria
casa professionale, continuando ad
arieggiarla e a rinnovarla nel tempo.»

CASE STUDY:
il sito della dottoressa Therese

Vogliamo portarvi come esempio di analisi il sito web della terapeuta Therese (così si presenta), una professionista californiana. Nel suo sito, **Exploring therapy** *(https://www.exploringtherapy.com/)*, si pone con un brand molto specifico radicato innanzitutto nella presentazione di se stessa. Le pagine, infatti, sono ricche di foto che la vedono sorridere, indossare vestiti colorati, sempre in luoghi diversi. Il suo brand, *Exploring therapy*, dà un'immagine di sé particolare, molto accessibile, in grado di segmentare una certa utenza. Si tratta di un ritratto aperto, accomodante, che potrebbe invogliare qualcuno e allontanare altri.

Passando al lato tecnico del sito, la dottoressa Therese ha messo in atto degli elementi specifici per mantenere un dialogo con i suoi utenti. Appena si approda sulla homepage viene lanciata una campagna marketing. Si tratta di un vero outbound: un **popup** e la **call to action** di iscriversi alla newsletter.
Inoltre sulla home page, c'è la sezione *"Where you've seen me?"* in cui pone molti **referral** ovvero i rimandi capaci di trasmettere autorità, di cui parleremo nel capitolo 4.
Vorremmo che rifletteste sull'identità professionale e personale che la dottoressa Therese trasmette nel suo sito web e capire se è una strada che voi potreste intraprendere. Nel caso non lo

fosse, vi invitiamo a individuare i motivi e a pensa-re su cosa invece preferireste mostrare e attivare nel vostro sito web. Conoscere realtà che non vi si addicono può essere un ottimo strumento per comprendere il vostro percorso di web marketing.

CASE STUDY

Mai ignorare
la USER EXPERIENCE

Quando si pianifica e si dà vita a un sito bisogna considerare la user experience (spesso abbreviata con la sigla **UX**), ovvero come l'utente interagirà con le nostre pagine web. È inutile creare un sito bellissimo, dal design prorompente e ricco di informazioni, ma poco pratico per l'utente perché non chiaro nella sua costruzione e confuso nelle indicazioni o ancora peggio molto lento (una delle principali cause di abbandono di un sito è il lento caricamento delle pagine!).

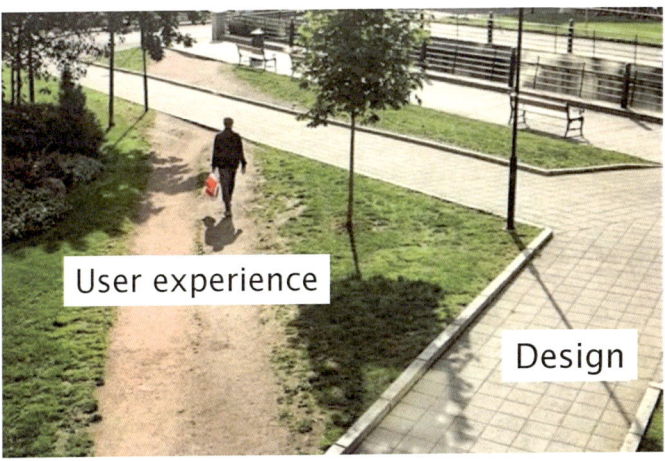

User experience

Design

Osservate questa vignetta. Il design vorrebbe farci percorrere l'angolo, ma la nostra user experience ci porta a tagliare e passare per il giardinetto. Insomma, l'utente che approda al vostro sito deve essere facilitato dal design, altrimenti facilmente se ne andrà e troverà altre opzioni.

La user experience riflette anche la tipologia di utenti che vogliamo avvicinare e come vogliamo conquistarli. Insomma, anche in questo caso, dovete comprendere quanto accessibili vogliate apparire, quale bisogno coprire. Quindi scegliere in accordo il linguaggio, i contenuti, l'approccio corretti.

Inoltre, l'utente deve arrivare al vostro sito e anche fermarsi. Quindi, dovete essere in grado di offrire un percorso, anche grazie a link e rimandi, che può essere breve o lungo, ma che sia in grado di svilupparsi come meglio deve. Se noi non offriamo al nostro visitatore strumenti, approfondimenti e richiami rischiamo che dopo pochi secondi vada via. L'obiettivo di qualsiasi sito web è, invece, che chiunque arrivi sia invogliato a rimanere in contatto con noi.

COME OTTENERE
i contatti dal sito

Durante la nostra formazione abbiamo ricevuto una domanda:

Come faccio ad avere il contatto di chi visita il mio sito? Come posso invogliare un utente che non mi manda una mail a rimanere, comunque, in contatto?

Prima di tutto, una regola imprescindibile: i contatti online si ricavano solo in un'ottica di **reciprocità nella relazione**. Cosa significa nel pratico? Se chiedete un'informazione bisogna che ne diate in cambio un'altra utile e interessante per l'utente. L'iscrizione alla newsletter è il metodo più tradizionale per rimanere in contatto: diamo il nostro indirizzo mail in cambio di contenuti di interesse che arrivano periodicamente. Un'altra opzione è il **lead magnet**, ossia il magnete, l'oggetto di valore che proponete in cambio del lead, del contatto. Si tratta dell'oggetto digitale gratuito, che può essere un PDF o un piccolo opuscolo che presenta del contenuto d'interesse. Noi ti mandiamo il PDF e tu ci mandi, in cambio, il tuo indirizzo email. Vi proponiamo un esempio. Nel 2018 sul sito di Zwan, l'azienda fondata da Joe dieci anni fa, si usava come lead magnet un **ebook gratuito** in cui si analizzava lo *study case* del marketing di Tesla. Tesla è una società che si occupa di auto elettriche e il suo fondatore, Elon Musk, è un imprenditore molto noto e con un forte carisma, in alcuni aspetti molto simile a Steve Jobs. Si tratta di un'azienda con un'ottima reputazione e un'attività in linea con il loro spirito aziendale. Proprio per questo hanno pensato che l'utente-tipo, in visita al loro sito, sarebbe stato interessato ad approfondire questa tematica.

L'ebook si poteva ottenere grazie all'inserimento dell'indirizzo email, richiesta che era presentata con *nome.cognome@azienda.it*, in modo da sottolineare che avrebbero preferito dei contatti aziendali, non email personali. Mentre l'utente riceveva un ebook con un contenuto originale e per lui di valore, in cambio loro avevano raccolto un nuovo contatto potenzialmente in target. Un contatto da coltivare con il tempo e provare a trasformare, seguendo il funnel marketing, in un cliente[5].

Grazie ai lead magnet chiunque può raccogliere informazioni che vengono trasferite sul suo CRM, ovvero il Customer Relationship Management, una specie di rubrica online in cui si tengono tutti i contatti e gli indirizzi email. Potete trovare tanti e diversi CRM online. Si tratta di un'automazione molto semplice: quando viene inviato un form, parte in automatico la email contenente il link per il download e l'indirizzo viene registrato nel

---

[5] Spesso in questo genere di azioni di web marketing viene utilizzato il termine 'gratis'. Non crediamo sia corretto dato che, in realtà, ogni volta che scarichiamo un PDF/ lead magnet stiamo pagando offrendo come bene il nostro contatto, che ha un valore economico.

CRM. In essi possono essere raccolte anche altre informazioni, come il nome e il cognome, se forniti dall'utente.

Ci rendiamo conto che per un libero professionista un CRM possa sembrare uno strumento eccessivo, tuttavia può essere molto utile se lavorate con target particolari come aziende o sportivi. I costi? Molti dei software disponibili online prevedono anche un piano base gratuito.

FOCUS:
la newsletter, il sempreverde del web marketing

Non solo con i lead magnet ma anche grazie alla newsletter possiamo analizzare il comportamento dei nostri utenti. Ad esempio, nella piattaforma Mailchimp è possibile non solo organizzare e inviare le newsletter ma anche vedere chi si iscrive e monitorare il comportamento verso i contenuti. Ogni utente, infatti, ha un punteggio che indica il coinvolgimento a seconda di come interagisce con essa. In questa maniera capiamo quanto un utente sia interessato alla nostra attività e quando arrivi alla fase acuta d'interesse (la già nominata soglia di attivazione). Momento in cui è consigliabile provare a fare un intervento, ovvero lanciare un pitch di contatto e offerta.

GOOGLE ANALYTICS:
strumento essenziale per analizzare e migliorare il vostro sito web

C'è un altro strumento magico che vi consigliamo di utilizzare per analizzare il vostro sito: Google Analytics. Si tratta di una funzione di Google, gratuita, in cui si possono consultare nei dettagli statistiche e informazioni sul traffico generato dal vostro sito web. Ci indica, per esempio, quanti utenti sono sul sito web in quel momento, oppure quanti sono approdati negli ultimi sette giorni o nell'ultimo mese.

Google Analytics ci dà anche importanti informazioni sulla fonte del traffico (dai social o da una ricerca organica su Google, per esempio) e sul comportamento degli utenti (quanto tempo passano sul sito e da quale dispositivo lo consultano). Grazie a questo strumento, potete non solo scoprire quali sono i vostri articoli vincenti, ovvero con più visualizzazioni, ma anche se un articolo sia stato citato o linkato in una rivista online o su un sito web.

Ci sono poi una serie di panoramiche sui dati demografici, fasce di età, sesso. Sapere, per esempio, che il vostro sito è consultato principalmente dalla fascia di 18-24 anni di sesso maschile vi dà un'informazione importante e vi può indicare, nel caso il vostro target professionale sia diverso, la necessità di cambiare i contenuti e la content strategy.

FOCUS:
quando si ha un budget ridotto

Quando si parla della costruzione di siti web, inutile dire sia sempre meglio affidarsi a professionisti in grado di guidarvi e di creare siti ad hoc, funzionali e ottimi nel design. Tuttavia, non sempre, soprattutto agli inizi, si hanno le risorse e il budget per ingaggiare qualcuno. In questo caso si può optare per piattaforme di siti come **Wix**, in cui anche la persona meno avvezza alla tecnologia è in grado, con un budget ridotto, di dare vita al suo sito.

Vi consigliamo comunque, se già non lo avete fatto, di comprare il dominio con il vostro nome e cognome o con il nome della vostra associazione. Eviterete così di trovarli occupati da qualcun altro se mai un giorno ne avrete bisogno. La registrazione di un **dominio** ha un costo variabile ma generalmente costa intorno ai 10 euro all'anno, una piccola spesa che crediamo valga la pena fare per tutelare la vostra identità online.

Le basi della SEO:
PAROLE CHIAVE E TARGET

Un tempo la ricerca su internet si basava solo sulle keyword. Ovvero, se un sito vendeva pennarelli, era sufficiente inserire molte volte al suo interno parole chiave come 'pennarello' o 'disegno' per uscire nei risultati dei motori di ricerca. Si trattava di un metodo semplice e lineare. Poi, è arrivato Google e ha rivoluzionato il metodo di indicizzazione dei contenuti. Ha posto, infatti, fine all'indicizzazione basata solo sulle parole chiave, introducendo una logica in cui valgono altri fattori, come:

- **autorità**: ovvero quante volte il sito è linkato da e ad altri siti, chiamata anche 'processo di legittimazione sociale dei contenuti';
- **percentuale di rimbalzo**: quanto tempo spendono in media gli utenti sul sito;
- **velocità**: parametro che è stato inserito da poco e che favorisce i siti che caricano le pagine velocemente (l'utente medio, come detto, facilmente abbandona una pagina web lenta e difettosa);
- **aggiornamento**: Google preferisce i contenuti vivi e periodicamente aggiornati. In questo senso un blog può essere un amico fedele.

Google è ormai il motore di ricerca per eccellenza in Europa e America e, quindi, detta legge nel campo SEO. Avere una buona posizione su Go-ogle può veramente dare una svolta all'attività e alla professione. Tuttavia questo vale solo quando si riesce a essere nelle prime due pagine di ricer-ca. "Il posto migliore per seppellire un cadavere è alla terza pagina dei risultati di Google" è una battuta frequente fra gli addetti del settore. Infat-ti, gli utenti difficilmente vanno oltre la seconda... Come abbiamo visto, Google si basa principal-mente sulla **ricerca organica**, ovvero gratuita, che è appunto la sua SEO, di cui abbiamo da poco parlato. Quando capite come funziona la SEO, potete utilizzare diverse tattiche per au-mentare la vostra visibilità (o il vostro posiziona-mento) nei risultati.

Non entreremo nei dettagli tecnici (se vorrete farlo troverete facilmente online molte guide contenenti consigli validi o contatti di professio-nisti a cui affidare la SEO del vostro sito). Tuttavia, se il vostro obiettivo è quello di utilizzare il vostro sito web **in maniera strategica per acquisire nuovi contatti** crediamo la SEO sia inevitabile per almeno tre motivi:

1. perché vi permette di velocizzare di molto i tempi di indicizzazione sui motori di ricerca e quindi di poter vedere i primi risultati nel giro di pochi mesi e non di anni;

2. perché indicizzarsi nelle prime posizioni sul-le parole chiave con più competizione (come, ad esempio, 'psicologo Roma EUR') è davvero molto complicato e solo la SEO può aiutarvi;

3. perché ragionare sulla SEO (meglio ancora se insieme a un professionista) vi aiuta moltissimo a mettere a fuoco il modo in cui gli utenti cercano il vostro servizio, il che spesso può non essere così intuitivo.

FOCUS:
Eccellere su Google senza SEO

Una cosa che i più ignorano è quanto Google, per funzionare e restituire contenuti di valore agli utenti che effettuano le ricerche... non abbia bisogno della SEO! Insomma, Google è diventato Google proprio perché è perfettamente in grado di scovare e promuovere da solo i contenuti di valore, anche quando questi non sono su pagine ottimizzate alla perfezione. Intendiamoci: l'attività di SEO è un ottimo acceleratore ed è fondamentale per raggiungere risultati importanti, soprattutto nelle situazioni più competitive, ma se scrivete i vostri contenuti in maniera chiara, ricca e interessante per il vostro target, col tempo i risultati cominceranno ad arrivare anche senza SEO!

IL BLOG:
amico della SEO

Come abbiamo appena visto, un sito web per avere una buona posizione sui motori di ricerca deve
essere ottimizzato. E il blog è, in questo senso, un
valido strumento perché con esso possiamo ri-
fornire continuamente il sito di contenuti nuovi,
informativi, emozionali e attuali. Contenuti che
possano, in altre parole, attirare i click e dunque
aumentare l'autorità del portale web su Google.

Uno psicologo può decidere, in base alla sua professione e ai suoi bisogni, quali contenuti inserire.
Tuttavia, perché funzioni in un'ottica SEO, un blog
deve essere **aggiornato con costanza e avere dei
contenuti pertinenti e di valore**. Se si vuole raggiungere il traguardo, dato che ormai il territorio
SEO è molto competitivo, non si possono ignorare
né la frequenza né la qualità.

Quindi, vi consigliamo di aprire un blog solo se
avete il tempo e la voglia, poi, di prendervene cura.
Anche in questo caso vale, insomma, la considerazione iniziale: **non ci sono regole assolute**. Sebbene un blog possa aiutare moltissimo il vostro sito
web, non implementatelo a tutti i costi. Se scrivere
non è un'attività che vi piace, se non trovate gra-
tificante trovare sempre contenuti nuovi, nel giro
di pochi mesi l'impegno legato al blog diventerà
per voi straziante e con facilità abbandonerete la
missione. Ricordate: in generale è sempre meglio
non avere un blog, piuttosto che averne uno poco

aggiornato e con contenuti scritti rapidamente e in maniera superficiale.

Se invece è una strada che volete intraprendere, mettete in conto che il blog (come una pagina social) necessita di un impegno a medio-lungo termine per vedere i primi frutti. Si tratta, di solito, di pubblicare almeno un post a settimana per almeno un anno.

Un consiglio pratico? Mettete in agenda uno spazio dedicato alla ricerca e alla scrittura, non importa che si tratti di un'ora alla settimana o una mattinata una volta al mese (potrete sempre scrivere gli articoli in anticipo e pubblicarli successivamente), l'importante è che sia per voi comodo e fattibile.

Quindi: blog sì o blog no? Per rispondere, ascoltate voi stessi. Come in ogni strategia, anche nella pianificazione e lancio di un blog bisogna essere non solo ambiziosi, ma anche realistici. Non è per voi? Considerate altre attività divulgative, comunque funzionali, come, ad esempio, dei video o post sui social.

FOCUS:
Regole base SEO
per gli articoli

Per scrivere dei post vincenti in un'ottica SEO ci sono delle regole di base, che vi invitiamo a seguire. Eccole:

- individuate sempre delle keyword, ovvero le parole chiavi che devono essere ripetute spesso nel vostro articolo;
- inserite sempre la keyword principale nel titolo e nel sommario;
- provate a inserire nel titolo la domanda posta dagli utenti nei motori di ricerca (ad esempio, "5 motivi per fare terapia", "Come combattere gli attacchi di panico");
- inserite nel vostro articolo link ad altre pagine del vostro blog ma anche a siti web autorevoli o amici;
- utilizzate paragrafi brevi capitanati da sottotitoli;
- inserite qualche immagine, meglio ancora se accompagnata da una didascalia;
- inserite alla fine dell'articolo una call to action, ovvero proponete al lettore un'azione da fare (ad esempio utilizzare un form di contatto per farvi una domanda);
- non fate copia e incolla: questa regola è fondamentale perché Google penalizza moltissimo i siti con contenuti non originali.

TIP:
da blog a libro

Sono molti i blogger che, arrivati a un bacino di lettori fedeli e numero di articoli pubblicati, decidono di utilizzare il materiale per dare vita a un'opera più compiuta come un saggio o un manuale.
Come abbiamo già detto, un libro può accrescere sia la vostra reputazione sia la vostra autorevolezza sul campo.
Inoltre, se mentre fino a qualche anno fa pubblicare un testo significava trovare un editore, oggi potete optare per un'autopubblicazione di ebook su Amazon o un servizio di **print on demand**. Quindi, se non trovate un editore (l'editoria in Italia è particolarmente competitiva) vi consigliamo di non abbandonare il vostro progetto. Il budget? Ci sono tante opzioni e alcune molto vantaggiose. Per esempio, alcuni servizi stampano il libro soltanto se e quando lo avete venduto, senza che questo comprometta il tempo della consegna.
Non dimenticate che anche le recensioni positive al vostro testo sono un modo per raccogliere testimonianze e reputazione.

SEM: il marketing online a pagamento

Avete presente gli annunci che compaiono su Google in evidenza e portano la dicitura "sponsorizzazione"? Come abbiamo visto, nei motori di ricerca vicino alla ricerca cosiddetta organica e gratuita spesso ci vengono proposti anche risultati messi in evidenza a pagamento. Ecco, in questo caso parliamo di **SEM,** un sistema che serve ad aumentare la visibilità di un sito web nelle pagine dei risultati dei motori di ricerca (SERP). Il marketing sui motori di ricerca è anche indicato alternativamente come pay per click (PPC).

In termini di ottimizzazione del tempo, che è anch'esso denaro, il SEM ha una marcia in più. Con un annuncio su Google potete raggiungere in tempi veramente rapidissimi gli utenti. Basta, per esempio, andare su **Google ADS**, scrivere l'annuncio decidendo budget di spesa, parole chiave e pubblico target, e in pochissimo tempo lo troverete pubblicato e posizionato nelle prime voci di Google.

In questo senso, la SEO, invece, ha tempi medio-lunghi perché i motori di ricerca devono indicizzare il sito, vedere come rispondono a esso gli utenti privilegiando anche, con un buon mix, quelli più longevi (questo si basa sul pensiero che se un sito è attivo da diversi anni probabilmente è anche molto più affidabile).

Con il SEM invece si riesce a emergere in tempi molto più rapidi. Quindi, se, per esempio, abbiamo un webinar programmato tra un mese e dobbiamo raccogliere il maggior numero di partecipanti, vi consigliamo di abbandonare l'idea di scrivere un post sul blog ma di abbracciare un annuncio a pagamento che comparirà nelle righe iniziali di qualsiasi ricerca Google (se scegliamo questo motore di ricerca[6]).

---

[6] Ogni motore di ricerca ha una propria rete di annunci pubblicitari.

FOCUS:
come funziona la pubblicità online a pagamento

Come mettere in pratica una strategia su uno strumento come **Google ADS**, per esempio? Prima di tutto definite un **potential reach**, ovvero un tot di persone che potete raggiungere e un budget.

Di seguito potete stabilire zona, utente-tipo, orari in cui l'annuncio è attivo. Una volta pubblicato, potete andare a controllare e analizzare il comportamento dell'annuncio e vedere quante volte viene visto (il numero di **view**), dove queste avvengono, da chi e quante di queste view diventano click diretti al nostro contenuto.

In questi sistemi d'asta per l'advertising si può scegliere se mettere il budget sulle view o sui click (ovvero quando l'utente non solo visiona ma decide di fare il passo successivo e cliccare sul link). Una regola e un esempio: se facciamo un contenuto che approfondisce i disturbi alimentari e rimanda al nostro sito, il click è importante. Se vogliamo, invece, solo fare conoscere il brand la view, meno cara, può essere già utile.

Altri consigli. Come detto, Google ADS vi dà molte possibilità tra cui spicca quella di decidere le **località** in cui segmentare il pubblico. Nel caso vogliate fare un'attività di indicizzazione per un centro clinico particolarmente prestigioso su una tematica molto specifica potreste decidere di attuarlo in tutta Italia. Se invece avete uno studio privato di terapia familiare potreste optare per una localizzazione nel vostro territorio e limitrofi.

Un altro spunto: usate il **filtro linguistico**. Siete un terapeuta bilingue o semplicemente conoscete molto bene l'inglese? Perché non avvicinare un'utenza di lingua inglese residente in Italia a cui offrire un percorso psicologico nella loro lingua madre?

FOCUS

SEO e SEM: un approccio complementare vincente

Inutile dire che l'ottimizzazione organica, quella più faticosa, porti più facilmente a una relazione virtuosa e fruttuosa con il proprio utente e potenziale paziente. Questo perché con essa non vi state proponendo come venditori ma innanzitutto come fonti e fornitori di contenuto legato, nel vostro caso, alla psicologia e alla terapia.

Tuttavia la SEO non esclude il SEM e, anzi, l'utilizzo di tutte e due le tecniche in contemporanea può avere un ottimo impatto sulla vostra attività e reputazione online.

Tutte le strategie di web marketing di solito prevedono la **strategia mista**. Ma come metterla in pratica? Bisogna, innanzitutto, considerare alcuni fattori essenziali:

- il budget a disposizione;
- il tempo a disposizione;
- gli obiettivi;
- il target.

In base a questi parametri un professionista può pianificare il proprio piano marketing. Per esempio, una psicologa che ha come primo interesse quello di essere conosciuto sul territorio e ha un budget molto ampio ma poco tempo da investire potrebbe preferire l'utilizzo di un piano SEM mirato e di un sito web ben indicizzato SEO. Allo stesso tempo, un terapeuta che ha appena iniziato l'attività e che intende specializzarsi nella pratica online potrebbe avere più tempo dedicare alla SEO, a un blog, o ai social. In questo modo potrebbe costruire un'audience e una buona presenza online, per poi decidere di implementare anche, con un budget ridotto, una pubblicità SEM.

Insomma, anche quando si parla di SEO e SEM non esiste una regola aurea che possa valere per tutti. Sta a voi decidere il vostro percorso di crescita.

ANALISI
della domanda
e individuazione keyword

Abbiamo già nominato le parole chiave, ovvero le keyword. Le keyword sono quelle parole che gli utenti scrivono nei motori di ricerca e nelle piattaforme quando cercano dei contenuti.

Come forse avrete già notato, le ricerche sulle piattaforme non sono sempre formulate in **maniera esplicita**, anzi, spesso sono formulate in **maniera implicita**. Vogliamo farvi un esempio concreto sull'uso di parole chiave. Due persone con lo stesso bisogno potrebbero porre diversamente la domanda su Google:

- "terapeuta cognitivo comportamentale attacchi di panico"
- "come guarire dall'ansia"

La prima è una richiesta esplicita, la seconda è invece implicita. Si tratta di un meccanismo di diversa formulazione del bisogno comprensibile per uno psicologo ed è anche per questo che crediamo che il web marketing sia uno strumento molto compatibile alla professione. Uno psicologo ne è cosciente: ci sono alcune persone che riescono a formulare i bisogni in maniera ben esplicitata e altri che, invece, spostano il proble-

ma per mancata presa di coscienza o perché più
tollerabile.

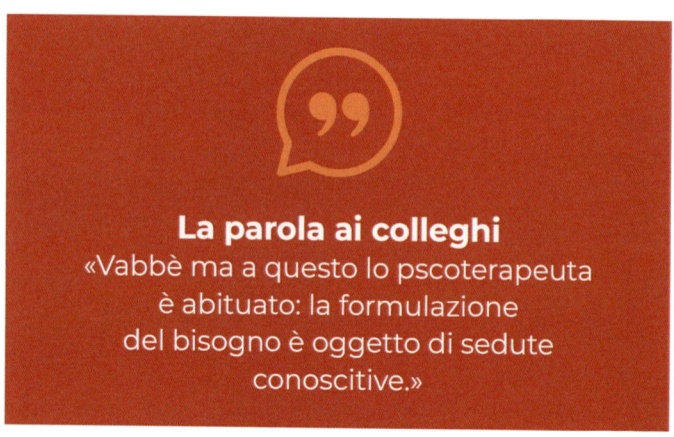

La parola ai colleghi
«Vabbè ma a questo lo pscoterapeuta
è abituato: la formulazione
del bisogno è oggetto di sedute
conoscitive.»

Di solito coloro che formulano la domanda in maniera diretta e compiuta utilizzano più parole. Pensiamo: una cosa è cercare "psicologo Roma", un'altra
"psicologo sistemico-relazionale a Roma Testaccio".
Questa differenza nella quantità di parole utilizzate per formulare la propria domanda ha dato
vita nel web marketing a quello che è **il principio
della coda lunga.**

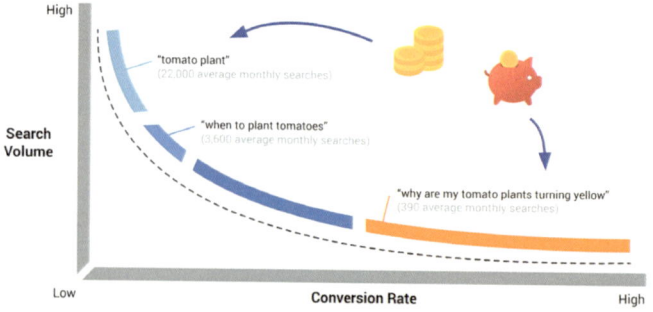

Nella figura qui sopra potete notare quanto la ricerca generica con parole chiave come "*tomato plant*" venga effettuata più volte rispetto a quella "*why are my tomato plants turning yellow*". In effetti è logico: il numero di ricerche diminuisce quanto più la ricerca è specifica.

Per contro, "*why are my tomato plants turning yellow*" è una richiesta molto più specifica ed esplicita rispetto alla prima. Soffermiamoci un attimo su questo aspetto e facciamo qualche riflessione:

- essendo una ricerca più generica, "*tomato plant*" intercetta un numero molto ampio di *competitor* dato che nella stessa ricerca uscirà tra i risultati: chi ha un vivaio, chi vende i semi, chi fa i pesticidi per gli agricoltori e così via;
- allo stesso modo, essendo la ricerca più generica sarà anche più difficile tracciare un profilo di chi la effettua, in quanto potrebbe essere un botanico, un agricoltore, chi ha un piccolo orto urbano oppure il curioso occasionale che ha appena sentito una qualche stranezza sui pomodori e vuole verificarla;
- per contro, "*why are my tomato plants turning yellow*" è una ricerca molto più focalizzata per cui in linea di massima la concorrenza per indicizzarsi (o pubblicare un annuncio) sarà minore. Inoltre, l'intento della ricerca è esplicito, per cui sarà più semplice instaurare un dialogo con l'utente, soprattutto nel caso

che sul mio blog io abbia un articolo dal titolo "Come mai i pomodori diventano gialli, ecco 5 soluzioni".

•

Anche se l'esempio riguarda i pomodori, cerchiamo di trasportarlo nel mondo della psicologia. Se, per esempio, avessimo definito tra le nostre *buyer persona* una madre di 50 anni preoccupata perché il figlio va male a scuola, probabilmente un articolo intitolato "Come motivare i figli allo studio" potrebbe essere un buon modo per entrare in contatto. Immaginiamo che a questo punto molti di voi stiano storcendo il naso pensando "ma che banalizzazione!".

In effetti lo è. Tuttavia ricordatevi cosa abbiamo detto nei precedenti capitoli: se vogliamo intercettare la nostra domanda (soprattutto prima che questa entri in una fase acuta del problema), siamo noi a dover andare verso la nostra utenza e non viceversa. Una domanda così formulata, anche se semplice, potrebbe avere dietro di sé complesse dinamiche familiari.

Quindi, se la nostra potenziale utenza formula il proprio bisogno attraverso una ricerca superficiale e abbozzata abbiamo davanti a noi due opzioni: cercare di intercettarla per entrarci in contatto e provare, così, ad avviare **un percorso di consapevolezza e cambiamento**, oppure ignorarla e lasciare campo libero ad altre soluzioni più o meno efficaci.

La parola ai colleghi

Opinione A: «Meme... emoji... questi modi di comunicare funzioneranno ma a me personalmente infastidiscono. Il nostro ruolo non sarebbe anche quello di fare cultura per evolvere? Non rischiamo di rinforzare questi modi involuti di soglia di attenzione bassa, ipersemplificazione della realtà? Con queste strategie mi sembra di non offrire un buon servizio, è come offrire l'illusione che il mondo psicologico sia semplice, lineare, catalogabile.»

Opinione B: «Dipende da noi e dalla nostra categoria decidere se iniziare a proporci in un modo più accessibile e non essere, così, visti solo come professionisti che trattano realtà complesse. Anche perché, poi, si rischia di vedere molta potenziale utenza approdare a coach o counselor che usano linguaggi più popolari e social.»

Come accogliere sia l'utente che fa una ricerca generica e quello che la formula in maniera più specifica? Un'idea potrebbe essere quella di scrivere e pubblicare sul blog, per esempio, due articoli che affrontino la stessa stessa tematica ma rivolti ai due target differenti (stessa cosa potrebbe valere per un post sui social). Tra le nostre *buyer persona* infatti potremmo avere chi ha una maggiore consapevolezza – e quindi verosimilmente effettua ricerche più specifiche e più focalizzate – oppure chi, per contro, tenderà ad avere una lettura più superficiale dei propri problemi. Scrivere un unico articolo in cui si tenta di parlare a entrambi potrebbe essere fallimentare proprio perché incapace di parlare con efficacia all'uno e all'altro.

TIP:
ricerca in incognito

Forse non sapete che a parità di ricerche Google non fornisce sempre gli stessi risultati, ma questi variano in base a *come* ci conosce il motore di ricerca. Proprio così! Lo storico delle ricerche che abbiamo effettuato, la nostra posizione geografica, il fatto che stiamo utilizzando lo smartphone piuttosto che il computer e tutte le altre informazioni che Google ha ricavato su di noi, fanno sì che i risultati che otteniamo vengano personalizzati.

Quindi, se volete indagare sui vostri competitor e vedere quali contenuti Google predilige su una certa tematica, vi consigliamo di usare la ricerca in incognito.

Un semplice test: fate una ricerca significativa su Google e poi provate a effettuarla di nuovo (scrivendo esattamente le stesse parole) attivando la modalità di navigazione in incognito sul vostro browser (di solito è una voce del menu del browser, subito dopo quella per aprire una nuova finestra). Con molta probabilità, i risultati che otterrete saranno diversi.

TIP

Conclusioni

In questo capitolo abbiamo visto il ruolo fondamentale che gioca il nostro sito web per definire la
nostra **web presence**. La realizzazione del sito web
professionale è un'attività che offre la possibilità di
definire bene chi siamo, a chi ci rivolgiamo e quali
argomenti vogliamo 'presidiare' nelle ricerche degli utenti. Per farlo ci sono molti strumenti (su tutti:
quelli messi a disposizione gratuitamente da Google) che ci offrono spunti di riflessione e la possibilità di verificare se le nostre scelte sono corrette
e dove, invece possiamo migliorare provando, per
esempio, qualcosa di nuovo.

Se posiamo bene questa prima pietra, sarà molto
più semplice costruirci intorno il resto della nostra
strategia di web marketing!

WORKSHOP:
definisci le parole chiave

Sia che stiate dando vita a un sito web, a un annuncio a pagamento su Google ADS o a un articolo di un blog, come abbiamo visto, è fondamentale individuare le migliori parole chiave utilizzate dall'utente per compiere quella ricerca.

Definiamo le parole chiave. Provate a scrivere un **elenco di 10 domande** che un utente potrebbe scrivere su Google prendendo spunto da quelle che più spesso vi vengono fatte dai vostri stessi pazienti/utenti. Cercate di rispondere ai quesito uno a uno e dopo, per ciascuna risposta, provate ad appuntare le parole chiave che pensate rientrino in quel tipo di richiesta. Alla fine avrete un'ottima base di partenza per scrivere dieci nuove pagine sul vostro sito web o articoli sul blog.

Attenzione: pensate alle parole chiave che utilizzerebbero i vostri utenti, non a quelle che utilizzereste voi da tecnici.

3. I SOCIAL E LE ALTRE PIATTAFORME

Uno psicologo fa bene a usare i social media? Questa è una domanda che spesso porta a un vivace dibattito tra i professionisti nel settore. Personalmente, crediamo che in realtà la domanda dovrebbe essere un'altra, ovvero non se dovrebbero o non dovrebbero, ma... come dovrebbero?
I social sono uno strumento incredibile con delle potenzialità enormi a livello di marketing professionale. Tuttavia, quando si ha davanti una professione sanitaria bisogna imparare a utilizzarli nella maniera corretta e per questo il come diventa cruciale. Anche in questo caso non abbiamo alcuna intenzione di distinguere cosa sia giusto e cosa sbagliato (ovviamente, fermo restando quanto indicato nel codice deontologico degli psicologi e le linee guida del CNOP e degli Ordini Professionali!).
Inoltre, in difesa dei social, vorremmo considerare un qualcosa di importante: gli psicologi sono i professionisti del dei comportamenti e delle relazioni. Ovviamente il parlare messo in atto con i pazienti/clienti è il risultato di anni di formazione e di istruzione. Tuttavia, uno dei fini principali è quello di connettersi con le persone per aiutarle a intraprendere un percorso di benessere. E cosa sono i social network se non strumenti di dialogo e connessione?

In questo capitolo ci soffermeremo di più su **instagram** dato che lo consideriamo, a livello di creatività, uno dei social più versatili e interessanti. Tuttavia, non intendiamo assolutamente escludere gli altri, come Facebook o TikTok. Anche in questo caso sta a voi scegliere quello che ritenete più coerente con la vostra identità e con il vostro modo di esercitare la professione.

PIATTAFORME SOCIAL:
quale?

Facebook, instagram, TikTok, Linkedin, Youtube...
Può risultare difficile scegliere. Tuttavia, anche in
questo caso vogliamo dirvi che prima di scegliere
il medium – oppure "i medium", se optiamo per
delle strategie integrate – e aprire un profilo su un
social network dovete avere chiaro:

- il vostro utente-tipo (la *buyer persona*),
- le caratteristiche della vostra professione,
- il tipo di contenuto che volete offrire,
- il vostro approccio.

In questa maniera sarà anche più facile capire
quale scegliere, dato che ogni social indirizza l'interazione con gli utenti in direzioni diverse e predilige un format invece che un altro.
Tenete presente, tuttavia, che i social non sono
una directory di terapeuti! Cosa intendiamo? Che
è improbabile (ma non impossibile) che i potenziali clienti vadano su Instagram o Tik Tok per
cercare un terapeuta in maniera diretta come potrebbe accadere in un sito vetrina di professionisti.
Anche in questo caso bisogna ragionare in termini di *funnel marketing*. Grazie ai social possiamo
renderci accessibili e avvicinarci, così, a un'utenza
da intercettare grazie ai nostri contenuti, per provare poi a trasformarli in lead e "scaldarli" fino a
diventare clienti.

Inoltre non ci stancheremo mai di ripeterlo: non siete obbligati ad aprire una pagina social! Ci sono professionisti che trovano più utile investire in attività SEO o SEM legati al loro sito addirittura nelle directory di professionisti... insomma si parla, di nuovo, di scelte coerenti e incoerenti alla vostra identità professionale e personale. Al tempo stesso però, non possiamo non sottolineare quanto oggi i social siano un ottimo strumento per costruire la vostra reputazione e creare relazioni virtuose.

Tutto ciò premesso, partiamo ora con una breve presentazione delle principali piattaforme social.

Facebook

Facebook è il 'papà' dei social per definizione, quello che ha cambiato il modo di essere presenti online. Un tempo popolarissimo, oggigiorno è soprattutto usato dalla fascia che va dai quarant'anni in su. Su Facebook potete creare la vostra pagina professionale in cui inserire contenuti e instaurare un dialogo diretto con i potenziali clienti.

Sono molte le persone che, quando vogliono avere informazioni specifiche su un professionista, cercano il loro nome su Facebook. In questo senso, avere una pagina professionale a vostro nome con un ottimo seguito di follower, post che rimandano a contenuti interessanti sul vostro sito web e magari buone recensioni potrebbe risultare come una magnifica carta di identità professionale.

Facebook, a differenza di instagram, privilegia post testuali anche molto lunghi e rende più semplice condividere link esterni. Proprio per questo è molto indicato in caso abbiate un blog, dato che potete condividere i vostri articoli in maniera pratica e veloce (con un solo click gli utenti raggiungono il vostro post).

Su Facebook, come nella maggior parte dei social, potete anche creare campagne a pagamento per sponsorizzare i vostri contenuti e la vostra pagina e farvi, così, conoscere. Il meccanismo è simile a quello, già affrontato, del SEM.

Instagram

Anche se Tik Tok ha ormai preso piede fra i giovanissimi, Instagram (che dal 2012 è stato acquisito dallo stesso Facebook) è ancora molto popolare, soprattutto fra i 20-40enni.

A differenza di Facebook, su Instagram hanno maggiore valore l'immagine o il video condiviso, quindi l'aspetto 'estetico' dei contenuti ha senz'altro un peso specifico maggiore (se non siete pratici con i software di grafica non temete, più avanti vi darò una dritta al riguardo!). Non solo, su instagram potete trovare nuovi follower e condividere i vostri contenuti grazie all'uso degli **hashtag,** ovvero quelli che trovate in fondo a ogni post (sono consentiti un massimo di 30 hashtag per post).

Usando hashtag rilevanti alla vostra nicchia, ovvero alla vostra *buyer persona*, avete la possibilità di inserirvi nelle conversazioni di tendenza mettendovi così in contatto con le persone che cercano il vostro tipo di contenuto e di servizio.

Ad esempio, un terapeuta EMDR che cerca di incontrare potenziali clienti, potrebbe usare hashtag come #trauma (3.096.750 post online), oppure #terapiacognitivocomportamentale (10.226 post), ma anche le più generiche #sostegnopsicologico (28.026 post online) e #psicologaonline (315.776 post). La scelta degli hashtag è un processo simile a quello già affrontato per le parole chiave.

Quando i vostri potenziali follower cercheranno questi hashtag, se le cose andranno bene, vedranno i vostri post, troveranno la vostra pagina e vi seguiranno. Di qui, con il tempo, si potrebbe creare una relazione in cui, grazie alle basi del funnel marketing, potrete portare questo contatto da freddo a caldo.

LinkedIn

A differenza degli altri social network, LinkedIn è senz'altro meno utilizzato dall'utenza generalista, per contro ha delle ottime potenzialità a livello professionale. Si tratta di una piattaforma più **B2B** (business to business), quindi la vostra immagine è rivolta in primis ad aziende e colleghi.

Vi consigliamo comunque di impostare il vostro profilo professionale, dato che può essere un ottimo biglietto da visita per chiunque vi cerchi online (soprattutto se non avete un sito web) e aiuta ad accrescere la vostra reputazione. Importante è compilare il profilo in maniera adeguata e con cura. A prescindere dallo strumento, la trascuratezza non funziona mai.

Molti utilizzano LinkedIn per creare connessioni con altri professionisti a loro complementari: è uno strumento che viene utilizzato molto dagli psicologi del lavoro, ma in generale psicologi specializzati in ambiti particolari diversi dal loro, medici di famiglia, consulenti di orientamento scolastico, associazioni sul territorio. Insomma, tutti coloro che potrebbero indirizzare i clienti verso la loro pratica.

YouTube

YouTube è la piattaforma che ormai dal lontano 2005 domina il mercato dei **video online**. Pubblicare video sulla vostra professione e su alcune tematiche può essere un ottimo modo per acquisire credibilità, stabilire rapporti di fiducia con nuovi utenti e portarli al vostro sito. Inoltre i video stessi potranno essere inseriti nelle pagine del vostro sito web, rendendolo, così, più interessante.

Nonostante YouTube mantenga un ruolo di primo piano per quanto riguarda la condivisione dei video, negli ultimi anni quasi tutti i social hanno introdotto la possibilità di trasmetterli.

Vi consigliamo di aprire un canale YouTube se e solo se i video che pubblicate sono di livello qualitativamente alto. Questo perché sui social un video girato da solo, magari in modalità selfie, può risultare anche molto efficace, ma in YouTube il livello delle produzioni è generalmente più alto.

TikTok

TikTok è il social soprattutto amato dagli adolescenti. Si muove esclusivamente sulla produzione
e condivisione video ed è, quindi, particolarmente indicato per coloro che sono avvezzi e amano
parlare davanti a una videocamera e che hanno
un target giovane. Molti professionisti americani e
inglesi grazie a TikTok sono riusciti a raggiungere
un pubblico molto più ampio, destigmatizzando i
temi legati alla salute mentale. Se siete interessati, vi consigliamo di cercare questi professionisti,
usando "#**tiktoktherapist**" (anche i contenuti di
TikTok vengono catalogati grazie agli hashtag): troverete tantissimi psicologi che condividono sugge-
rimenti, realizzano video divertenti e distribuiscono
più o meno brevi consigli terapeutici.

L'IMPORTANZA
di avere sito web più social

Una decina di anni fa, all'alba dei social network, alcuni colleghi profetizzavano che i siti web non sarebbero più serviti dato che i social avrebbero garantito, senza costi aggiunti, la presenza online. Questa idea non ci ha mai convinto e, con il senno di poi, possiamo affermare avessimo le nostre ragioni. Non ci convincevano principalmente due aspetti:

1. come i portali *directory* anche i social non permettono grandi personalizzazioni. Il risultato sono una serie corposa di schede piuttosto anonime, che non si prestano a rappresentare efficacemente in via esclusiva la nostra presenza online;

2. legare la nostra presenza online a doppio filo con un social specifico ci rende totalmente schiavi delle sue logiche e ciò, soprattutto sul lungo periodo, può essere controproducente.

Riguardo al secondo punto pensiamo, infatti, a coloro che, appena Facebook prese piede, impostarono tutta la loro presenza online sul social senza avere in supporto anche un sito web. Per loro fu un dramma quando, dopo pochi anni, Facebook inserì e iniziò a privilegiare i contenuti a pagamento sulle bacheche degli utenti, cambiando il criterio dell'algoritmo interno di selezione. Le aziende che avevano investito anche ingenti risorse per crearsi una ricca *fan base* si trovarono improvvisamente sotto ricatto: o aumentavano sensibilmente i propri budget pubblicitari su Facebook oppure non avrebbero praticamente più avuto modo di raggiungere i propri fan o potenziali fan.

Quindi, vi sconsigliamo di usare solo i social, ma vi consigliamo di usarli dato che aiutano a evolvere professionalmente, a essere in contatto con le persone e a **destigmatizzare il tema della salute mentale**.

Vicino a questo, un motivo strumentale: grazie a Instagram o Facebook potete potenziare e promuovere il vostro sito web, ovvero lo strumento principale sul quale costruire la vostra presenza online. Non dimentichiamo: l'obiettivo professionale deve essere sempre quello di veicolare l'attenzione alla nostra identità professionale online.

CONSIGLI
sull'utilizzo dei social

Siate autentici

Anche sui social, l'autenticità è quell'elemento che vi farà eccellere. Un'identità professionale è tanto più efficace quanto più autentica. Se siete persone più informali, a vostro agio nel dare confidenza ai vostri interlocutori, sui social potrete sfruttare questa caratteristica. Allo stesso tempo, se non lo siete, non sentitevi obbligati a farlo!

Non esiste un'immagine professionale idonea e gradevole a tutti. Proprio per questo, non tutti devono assumere lo stesso registro e non tutti devono offrire gli stessi contenuti. C'è il professionista che si può permettere la battuta, e chi invece si trova più a suo agio con un'impostazione più seria. Non solo, considerate che, secondo il **principio della reciprocità**, anche il vostro target si aspetterà un approccio più o meno serio. Cercate, quindi, di scegliere l'approccio che vi incuriosisce, che vi appassiona e vi viene più spontaneo perché, sul medio-lungo periodo, darà i risultati migliori.

Vi ricordate l'esempio della dottoressa californiana Therese nel secondo capitolo? Oltre al sito ha anche una pagina instagram ricca di foto personali che la mostrano in viaggio, sempre sorridente. Ogni giorno un ritratto con un outfit differente. Una presentazione di questo genere significa un ingente investimento in termini sia di denaro sia di tempo, ovvero ore dedicate a cercare location e cambiarsi vestiti. Questo approccio, efficace per lei, non può andare bene, però, per tutti (per esempio, io non ce la farei!) e nessuno deve sentirsi costretto ad assumerlo.

Parlando di contenuti: sappiamo quanto ormai tanti psicologi sui social usino immagini motivazionali o frasi di facile fruizione, capaci di attrarre un bacino d'utenza ampio. Non tutti, però, si trovano a proprio agio con una comunicazione così generica e preferiscono optare per contenuti un po' più tecnici, pur mantenendo sempre un registro divulgativo.

Se fate parte della fascia di professionisti a cui non piace l'idea di esporsi o di banalizzare il proprio messaggio crediamo che il divenire fornitori di contenuti comunque divulgativi ma più professionali possa essere un ottimo compromesso di presenza online. Non dovete mettere foto private, non dovete fare nulla di troppo personale, ma mettere in gioco le conoscenze che avete.

Insomma: trovate la vostra strada di autenticità.

Utilizzare la propria immagine: sì e no

Spesso davanti ai professionisti che utilizzano la propria immagine per promuoversi nascono alcune perplessità, come se peccassero di esibizionismo o egocentrismo. Crediamo sia necessario abbandonare questo pregiudizio e capire che si tratta di una strategia che può avere un ritorno positivo: del resto, sarà con voi che poi la gente avrà a che fare! Spesso gli utenti sono attratti da chi si mette in gioco, mettendo, come si suol dire, "la faccia". Tuttavia anche nell'utilizzare la propria immagine bisogna seguire un **codice etico** di base, che non dimentichi lo scopo che si vuole raggiungere (ad esempio, foto in costume da bagno al mare!).

Non sei a tuo agio con selfie e ritratti quotidiani? Ci sono persone che non hanno la spontaneità della dottoressa Therese nell'utilizzare la propria immagine ma hanno trovato, comunque, degli escamotage efficaci da attuare sui social. Vi vogliamo portare come esempio il **profilo instagram del dottore Santarcangelo**[7]. A differenza della psicologa californiana, non pubblica foto di se stesso al bar a prendere il caffè o in spiaggia, ma posta contenuti legati al suo lavoro di terapeuta. Mentre la dottoressa concentra il suo profilo[8] sull'immagine di una sé felice, a cui aggiunge frasi motivazionali, il secondo offre consigli e

[7] www.instagram.com/andreasantarcangelo.psicologo/
[8] www.instagram.com/exploring.therapy/

punti di discussione legati esclusivamente alla professione.

Anche nell'utilizzo della propria immagine, non c'è approccio giusto o sbagliato ma coerente o incoerente.

La dottoressa Therese e il dottor Santarcangelo hanno due visioni differenti, capaci di parlare a una diversa tipologia di utenti ed entrambi potenzialmente efficaci.

CASE STUDY:
quando non serve utilizzare la propria immagine

Allyson Dinneen è una terapeuta che ha ideato un format molto elegante e intelligente sul suo profilo Instagram *"Notes from your Therapist"* [9] , in cui non usa la sua immagine personale, ma un brand. Solo nella foto del profilo si mostra in primo piano, per il resto scrive pensieri a mano su dei pezzi di carta che fotografa. *"I can't always process my feelings quickly just because someone else wants me to"*, "Non posso elaborare i miei sentimenti in fretta soltanto perché qualcuno si aspetta che io lo faccia", scrive in un post.

Si tratta di un format economico ed esteticamente molto gradevole. Dato il successo del profilo, ha anche pubblicato un libro.
Pensiamo che questo sia un ottimo esempio in cui si utilizzano i social senza promuovere se stessi, ma diffondendo comunque un messaggio.

---

[9] www.instagram.com/notesfromyourtherapist/

Prendete sempre ispirazione

Il modo migliore per iniziare la vostra presenza social è: prendere ispirazioni da coloro che hanno delle pagine che vi piacciono e in cui vi rispecchiate. Vi consigliamo, quindi, di andare a consultare i profili social di psicologi ma anche di altri professionisti per vedere cosa fanno, come lo fanno, chi li segue.

Nelle vostre ricerche vi imbatterete anche in colleghi che hanno una linea editoriale, composta da interventi alla radio, alla tv, pubblicazioni di ebook e articoli di giornali. Intervenire sui media tradizionali può aiutare enormemente a livello di **autorevolezza** e **diffusione.** Avere, per esempio, una colonna settimanale su un periodico o un quotidiano dà una spinta enorme nell'**autority building**.

CASE STUDY:
ci sono molti modi per parlare di psicologia

Nedra Glover Tawwab[10] è una psicologa e una scrittrice americana di bestseller con 1 milione di follower su instagram. Bisogna premettere che in USA, più che da noi, gli psicologi lavorano molto sulle nicchie legate ad alcune comunità quali, ad esempio, la LGBT o l'afro-americana. La bio del profilo della dottoressa Tawaab, che si riferisce soprattutto a quest'ultima, recita: *"Boundaries Expert, Creator, and Author. I help people create healthy relationships with themselves and others"*.

Non scrive dove ha studiato e quali siano le sue specializzazione ma, in maniera sintetica ed efficace, di cosa si occupa.

La seconda frase è da considerarsi come una *value proposition*, la promessa di valore che fa all'utente: "Aiuto le persone ad avere relazioni sane con se stesse e con gli altri", ovvero quello che promette come servizio.

Nella bio ha messo anche una **call to action**: *"Order my book"* con tanto di emoji in cui si rimanda a una landing page del suo sito dove cliccando si può ordinare il libro. Nei suoi post e nelle stories consiglia e commenta anche le letture che ritiene interessanti, un buon modo per intercettare l'u-

---

[10] www.instagram.com/nedratawwab/

CASE STUDY

tenza e apparire al tempo stesso genuinamente interessata agli argomenti e non solo a promuovere se stessa.

Da notare: non sempre pubblicizza testi di psicologia, per esempio ha commentato una biografia di Malcolm X. Nella stories in cui la consiglia ha posto come colonna sonora *"A change is gonna come"* di Sam Cooke, celebre canzone legata ai movimenti per i diritti civili delle persone di colore in America negli anni '60. Insomma, tutto ciò che pubblica e che promuove è mirato alla sua nicchia di utenza con assoluta coerenza.

La dottoressa Tawwab fa qualcosa d'altro di molto interessante, facile da replicare: mette in evidenza le **stories** migliori e più significative catalogandole e separandole nei cerchietti. Vi consigliamo di considerarle come delle nicchie o delle sottocategorie da dividere fra (p.es.): identità di genere, dinamiche coniugali di coppia, problemi familiari etc.

COSTANZA E PAZIENZA:
due ingredienti fondamentali

Abbiamo già visto quanto in un blog la costanza e la pazienza paghino, e questo vale anche per i social. Si lavora nel **medio-lungo termine**, non vi aspettate di avere risultati dall'oggi al domani!

Facendo un paragone, sappiamo quanto alcuni percorsi terapeutici siano più brevi e altri, invece, abbiano bisogno di più tempo e maggiore pazienza. Ecco, usate la stessa attitudine nel prendervi cura dei vostri profili social.

Vi consigliamo, per questo, di non partire in accelerazione, pubblicando contenuti con una frequenza che sapete di non potere tenere a lungo. È meglio pubblicare meno e meglio, ma con una certa regolarità, piuttosto che passare da una pubblicazione frenetica e continua al blocco dovuto alla stanchezza e al *burnout*. Ritagliatevi del tempo solo per i social e organizzate la vostra tabella di marcia. In questo modo, con pazienza e metodo, riuscirete a raccogliere i primi frutti. Dopo un lasso di tempo, si creerà anche una inerzia positiva e diventerà tutto più semplice.

TIP:
attenzione alla grafica
e ai colori

Come detto nei social il format grafico è molto importante. Vi invitiamo a scegliere uno stile adeguato e costante che abbia un ottimo effetto nel complesso. Potete utilizzare applicazioni web come **Canva.com**, che spesso offrono gratuitamente template grafici curati e già adattati nei formati dei vari social network, da modificare direttamente online caricando foto e cambiando testi e colori. Utilizzare questo genere di template vi può anche aiutare a regolarvi sulla quantità di testi da inserire e sulla loro impaginazione: meglio inserire pochi testi con le informazioni più importanti e rimandare con un link ad eventuali approfondimenti!

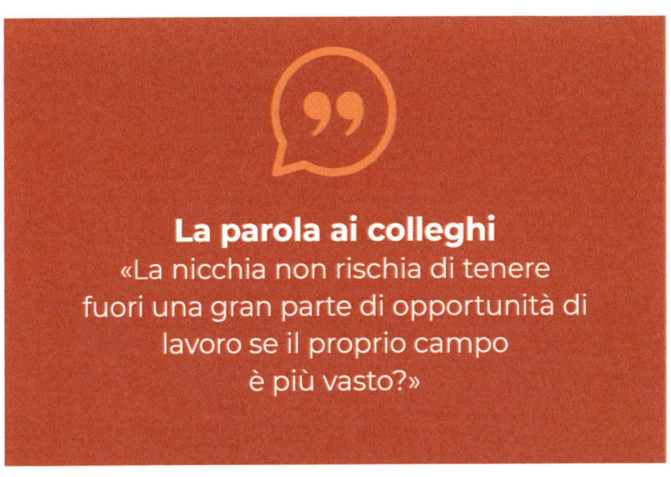

La parola ai colleghi
«La nicchia non rischia di tenere
fuori una gran parte di opportunità di
lavoro se il proprio campo
è più vasto?»

La nicchia aiuta e non esclude altre opportunità

Come ci vedono i cittadini? Come psicologi di comunità, del lavoro, clinici di un particolare indirizzo o forse "solo" psicologi? Quando per lavoro conduciamo delle formazioni ci presentiamo sempre come psicologi sociali di comunità eppure ci è capitato spesso, anche a distanza di qualche mese, di essere contattati da alcuni partecipanti dei corsi per iniziare una terapia personale o per prendere in carico persone a loro conosciute o care. Nonostante la nostra nicchia non era riferita né alla psicologia clinica in generale né specifica (es. separazioni, disturbi di ansia) ciò non ha limitato, impedito di essere contattati per altre opportunità dove curiosamente ancora non lavoravamo (es. il lavoro clinico).

Un approccio secondo noi corretto, quando ci si focalizza su una nicchia, è quello di non restringere il proprio intervento in modo rigidamente perimetrato.

A volte alcuni psicologi hanno manifestato il dubbio se, nel definire la propria strategia di web marketing, scegliere una nicchia volesse dire escludere un'altra fetta di potenziali-pazienti che potrebbero essere comunque interessati alla nostra attività.

Sebbene ciascun professionista abbia una specializzazione diversa, è necessario mantenere una certa elasticità. Ad esempio se la vostra nicchia dovesse essere quella dei disturbi d'ansia e vi contattassero, invece, per una separazione, sarebbe bene essere in grado di far fronte ad una simile richiesta.

Quando pensate alla vostra nicchia, soffermatevi sulla *buyer persona*: di fatto, state focalizzando la vostra comunicazione su quelli o quelle che voi stessi avete definito essere i vostri interlocutori principali. Se parlando alla vostra nicchia state trascurando qualcuno, sarà comunque qualcuno che non rientra nella vostra utenza!

Ricordate: focalizzarsi su un target, anche sui social, aiuta a definire la propria professione e a prendere dimestichezza con il web marketing senza mettere troppa carne al fuoco. Inoltre, siamo sicuri che, nel momento in cui riuscirete a raggiungere la vostra *buyer persona*, intercetterete una domanda tale da non avere bisogno di ampliare ulteriormente il vostro raggio.

CASE STUDY:
alcune idee su come comunicare con i tuoi follower

La dottoressa Laura Duranti ha trovato una maniera efficace per comunicare con i suoi follower nella sua pagina instagram[11] . Seguendo l'hashtag #chiediallopsico gli utenti possono rivolgerle delle domande a cui lei risponde con delle stories, delle dirette o dei post. Fare **Q&A**, ovvero domanda e risposta, è un buon metodo di content strategy capace anche di aumentare l'engagement alla pagina. Fra i contenuti che abbiamo trovato particolarmente efficaci c'è il post: "Cosa non dire a qualcuno che soffre d'ansia".

Troviamo interessante che in questo video la dottoressa non si rivolga al potenziale-paziente ma a colui che ha a che fare con esso. In questo caso, quindi, la sua *buyer persona* probabilmente è il famigliare, partner o amico, ovvero il *caregiver*!

---

[11] www.instagram.com/durantilaura/

CASE STUDY

Siate PARTECIPI

Sui social è fondamentale partecipare e questo significa non soltanto mettere i tag e gli hashtag quando postate dei contenuti, ma anche **prendere parte alle conversazioni** dove partecipa la vostra potenziale utenza. Nel farlo però tenete sempre a mente che quando state scrivendo o commentando qualcosa, lo state facendo in quanto psicologo!

Se c'è una conversazione in cui si parla di un tema in target a voi (per esempio, un atleta che si è ritirato da una competizione in seguito a una difficoltà legata alla salute mentale, oppure una denuncia di molestie in una multinazionale), non abbiate paura a intervenire: essere sui social senza partecipare è limitante. Tenete, però, sempre a mente che state partecipando al dibattito in quanto professionisti e valutate il tipo di intervento da fare nel dire la vostra opinione. Via le timidezze: non dimentichiamoci mai che i social nascono come luogo di connessione.

Per ultimo, vi consigliamo di entrare anche in contatto e interagire con pagine di colleghi, giornali o testate che si occupino delle vostre tematiche o siano a voi complementari. La possibilità di **fare networking** è uno degli aspetti a nostro avviso più fruttuosi e più sottovalutati dei social network.

CASE STUDY:
una pagina brand
che aiuta i professionisti

Marie Feng è una terapeuta di San Jose, in California. Fino al 2018 ha tenuto un profilo su instagram con il suo nome e cognome, per poi abbandonarlo per creare "privatepracticeskills"[12] , passando da 1227 a 6500 follower. Ha, di fatto, creato un brand in cui, come la dottoressa Therese che abbiamo conosciuto in precedenza, utilizza molto la sua immagine (in gergo si dice che è lei stessa la spokesperson del brand).
La particolarità della dottoressa Feng è che la sua buyer persona sono i colleghi, dato che è specializzata in formazione e supervisione!

È interessante vedere come, sebbene si rivolga a un'utenza tecnica imposta da colleghi psicologi, l'approccio sia comunque amichevole, molto intuitivo.

---

[12] www.instagram.com/privatepracticeskills/

SOCIAL ADS:
le sponsorizzazioni a pagamento

Avete un profilo social ben costruito e con già una base ottima di contenuto? Il vostro sito web è pronto?

Allora è il momento di considerare di immettere un budget nelle campagne sponsorizzate.

Sappiate che la maggior parte dei profili social di successo sono nati anche grazie alle sponsorizzazioni. Ogni piattaforma di social media e network, da Twitter, LinkedIn, Instagram a YouTube, ha uno strumento per creare e gestire campagne pubblicitarie a pagamento.

La promozione a pagamento con post, video e contenuti di vario tipo vi permette di arrivare al vostro target di riferimento in un batter d'occhio e senza spendere ingenti somme di denaro (anche in questo caso funziona il sistema ad asta).

Le sponsorizzazioni a pagamento non escludono le attività organiche, anzi. Anche in questo caso vi consigliamo una strategia integrata, ovvero una campagna social formata sia da contenuti organici (non sponsorizzati) sia non. Le attività organiche e quelle a pagamento devono, quindi, andare di pari passo: l'organico vi aiuta a fare **branding** e ad arricchire la vostra pagina mentre le sponsorizzazioni vi aiutano ad **aumentare la visibilità** e a portare più persone al vostro profilo o al vostro sito web (tutto dipende da cosa decidete di pubblicizzare).

Fare Ads sui social network

Nel caso di Facebook, abbiamo **Facebooks Ads**, che agisce anche su Instagram. Facebook Ads, come tutte le sponsorizzazioni, può essere un ottimo lead generation, dato che può portare i contatti a divenire lead.

Un aspetto positivo di questo tipo di pubblicità è che, come abbiamo detto, il costo di investimento è relativamente basso. Non solo, potete anche mettere degli annunci quasi perfettamente **segmentati**, tenendo conto delle informazioni e del profilo che la stessa piattaforma di social media ha costruito dai modelli di ricerca degli utenti, follower, preferenze, età... Potete segmentare il vostro annuncio che, così, appare solo al target di destinazione.

È anche importante aggiungere che, in Facebook Ads, avete la possibilità di pubblicizzare immagini, video, carosello, lead ads, ma anche una connessione a Facebook Messenger. È uno strumento veramente versatile. Instagram, anche se fa parte di Facebook, presenta un'integrazione molto interessante nell'ambito delle campagne pubblicitarie: molto visive, sono ideali per le sponsorizzazioni. La segmentazione su instagram è un po' meno dettagliata di Facebook Ads ma comunque efficace.

Fare Ads sul social media YouTube

Quanti di noi non hanno ricevuto annunci prima di guardare un video su YouTube? Si parla in questo caso di **video marketing**, capace di arrivare, di nuovo, a un pubblico preciso, deciso a priori.

Youtube da solo ha oltre 2 miliardi di utenti che generano miliardi di visualizzazioni, tanto da divenire una delle piattaforme principali di video marketing. La pubblicità su Youtube viene eseguita tramite Google Ads (fa parte del colosso Google) e varia in tipologie. Una delle opzioni più utilizzate sono gli **annunci video in-stream che sono offerti prima o durante un video** e che dopo 5 secondi possono essere ignorati dagli utenti che cliccano per passare avanti. In generale, l'annuncio video deve durare almeno 12 secondi e meno di 3 minuti. Uno dei vantaggi di questo tipo di annuncio è che vi verrà addebitato solo quando qualcuno guarda almeno 30 secondi l'intero annuncio o se fa clic su di esso (non pagherete quindi nulla se un utente lo salta dopo i primi secondi, pur avendoli comunque visti!). Vicino a questi su Youtube abbiamo gli **annunci video in-stream non ignorabili**: di nuovo riprodotti subito prima di un video o durante e privi del pulsante di salto. Questi annunci sono più costosi, dato che vengono addebitati agli inserzionisti per impressione, soprattutto ogni 1000 visualizzazioni (CPM). Quelli chiamati **bumper** sono, invece, i video di solo sei secondi non ignorabili che vengono riprodotti subito prima di un video vero e proprio. Questi annunci sono perfetti per chiunque abbia un messaggio semplice da trasmettere, come la promozione di un evento.

Utilizzare i video nella propria strategia di web marketing può sembrare complicato, ma in realtà, se avete dimestichezza nel parlare davanti a una videocamera, potete, da soli, produrne di buoni in maniera molto semplice . Per quanto riguarda poi lo stile e i contenuti, come abbiamo ripetuto finora la cosa più importante è essere autentici: una volta che avete individuato le vostre *buyer persona* e le domande con le quali di solito si approcciano alla vostra professione, siamo sicuri che troverete facilmente gli argomenti da approfondire in una serie di video!

I SITI VETRINA
per gli psicologi

Più volte fra colleghi abbiamo notato un particolare interesse verso i portali di *directory*, ovvero quei siti di raccolta di professionisti, come "Mio dottore" o "Guidapsicologi". Abbiamo già parlato in precedenza di queste piattaforme, mettendone soprattutto in evidenza i limiti in termini di personalizzazione e di duranta sul medio-lungo termine. Ora vorremmo soffermarci su un altro aspetto di cui si è discusso molto ovvero la capacità, delle directory, di generare contatti. Nell'ambiente degli psicologi molti ci hanno chiesto quanto queste piattaforme, soprattutto a inizio professione, potessero essere un valido strumento per ottenere lavoro.

Era una tematica sulla quale non ci eravamo mai soffermati e, proprio per questo, in altre formazioni abbiamo chiesto ai colleghi di compilare un breve form online sulle *directory* dove, in maniera totalmente anonima, potevano inserire:

- il costo annuo della piattaforma;
- il numero di contatti che nell'ultimo anno erano arrivati da quella piattaforma;
- quanti incontri erano avvenuti con quei pazienti;
- la loro tariffa oraria.

Abbiamo così scoperto che alcuni partecipanti avevano un ottimo ritorno dalle *directory*. Il caso più eclatante era quello di un utente che aveva ricevuto nell'ultimo anno 22 pazienti con una media di 8 incontri, ovvero un totale di 176 ore di attività. Fatta la moltiplicazione per la tariffa, siamo arrivati a calcolare un totale di 17.600 euro di fatturato lordo. Da questa cifra bisognava sottrarre, ovviamente, il costo annuale della piattaforma, che nel suo caso era pari 1.068 euro. Anche considerando i costi, la piattaforma per lui era stata fruttuosa.

Il fatto che alcuni utenti avessero avuto un ritorno migliore di altri può dipendere da molti fattori, come ad esempio aver inserito testi più efficaci nella propria scheda pubblica oppure avere migliori referenze su altri siti online.

Tuttavia i casi in cui le *directory* si dimostravano convenienti erano la minoranza: il più delle volte gli utenti non erano riusciti neanche a coprire il costo del servizio e in molti casi addirittura non avevano ottenuto neanche un contatto. Alcuni utenti avevano speso €1.200 l'anno senza vedere alcun frutto. Riflettiamo: con un budget del genere potreste, alla luce di quello discusso finora, ad esempio, ingaggiare un professionista per la creazione di un sito web di valore, fare delle campagne sponsorizzate sui social network o produrre una serie di clip video professionali.

Ovviamente il nostro sondaggio non può avere un valore statistico. Tuttavia, vi consigliamo sempre pre di **sperimentare**, **valutare i pro e i contro** di ogni attività, di analizzare i frutti che questa attività porta in modo da cambiare o migliorare la vostra strategia di web marketing.

Un altro aspetto importante da considerare è che nelle *directory* la **concorrenza** è spietata e spesso l'unico elemento differenziante diventa il prezzo. Essere presenti su queste piattaforme può innescare una concorrenza al ribasso sulle tariffe (il cosiddetto *price dumping*). C'è una battuta che si è soliti fare nel marketing quando qualcuno chiede un consiglio spicciolo su come aumentare le vendite: "raddoppia il prezzo!". È solo una battuta ma che ci porta a riflettere quanto se da una parte una tariffa un po' più alta può intimorire, dall'altra è capace di rispecchiare l'esperienza e la quantità di conoscenze di cui il professionista è depositario. Anche in questo caso, il prezzo più alto potrebbe diventare addirittura un elemento di persuasione per chi – beninteso – può permetterselo[13].

---

[13] Nuovamente questo dipende dal tipo di target a cui non ci rivolgiamo e al nostro paziente-tipo.

FOCUS:
le dirette video
sui social network

Oggigiorno vanno molto di moda le dirette non solo su Instagram, ma anche su Facebook, Tik Tok e Twitter. Si tratta di contenuti online che possono, poi, essere memorizzati e lasciati fruibili sui vostri canali. Fare una diretta video non è semplice: prima di tutto si deve essere confidenti con lo strumento, altrimenti il ritorno potrebbe essere negativo e senza possibilità di intervenire successivamente. Come si dice... è il bello della diretta! Secondo, non basta apparire, bisogna anche prepararsi. Quindi, è necessario avere del tempo disponibile per farlo.

Anche in questo caso vi invitiamo, per prima cosa, a domandarvi se vi trovate a vostra agio davanti a una videocamera, magari creando un gruppo privato su Facebook e facendo prima qualche simulazione con gli amici. Per quanto riguarda l'impostazione, potete scegliere un tono più amichevole e confidenziale o uno più autorevole: dipende, come ormai sappiamo bene, dal vostro stile e identità.

Detto ciò, ecco alcuni consigli generali su come impostare al meglio le vostre dirette:

1. Analizzate sulle pagine di statistica di Facebook, Instagram e TikTok i comportamenti dei vostri follower. Individuate il giorno e l'ora, in media, in

cui sono più attivi e programmate la diretta in quella fascia.

2. Promuovete la diretta sui social qualche giorno prima che avvenga e ricordatela con un post o una stories leggera (nessuna pubblicità troppo invasiva) qualche ora prima della messa in onda. Pubblicizzatela sul sito web o sul blog. Un'idea? Una finestra pop-up.

3. Attivate "Invia notifiche" nelle impostazioni video. Significa che quando lanciate la diretta, i vostri follower riceveranno una notifica.

4. Pianificate il video in anticipo. Una scaletta di contenuti è sempre un'ottima spalla. Molti dei live vengono abbandonati quando lo speaker mostra indecisione o non tiene il filo del discorso.

5. Vi siete ripetuti o avete perso il filo del discorso? Non è un dramma. Come abbiamo già sottolineato, l'autenticità vince. Quindi, una persona che riesce a superare un momento di imbarazzo ridendo di se stessa o agendo con naturalezza, verrà apprezzata. Siate naturali.

6. Trattate le dirette come conversazioni, non conferenze. Va bene essere autorevoli ma rimanete colloquiali. Riconoscete la presenza di persone dall'altra parte dello schermo e siate ricettivi ai loro commenti e alle loro reazioni, promuovendo se possibile l'interazione. E soprattutto, va-

lutate bene i tempi dei vostri interventi perché anche il discorso più interessante se va avanti troppo a lungo può risultare indigesto!

7. Non è un problema se per il video non vi avvalete di un professionista, soprattutto nelle prime dirette, tuttavia prestate attenzione ad alcuni accorgimenti come lo sfondo che scegliete e il tipo di luce utilizzato: sono due cose che fanno la differenza nel risultato finale, guardate un po' di video online per rendervene conto!

8. Se non potete affidarvi a un esperto, prestate comunque attenzione ad alcuni aspetti quali l'inquadratura e la luce del vostro video: non c'è cosa peggiore di un'immagine poco illuminata oppure con una finestra alle vostre spalle! L'ideale sarebbe avere una buona illuminazione di fronte a voi, se cercate online ormai si trovano addirittura lampade fatte appositamente per questo genere di video!

9. Se non siete abituati a parlare in pubblico allora vi consigliamo di fare pratica nel mantenere lo sguardo fisso in camera e, se utilizzate delle slide o degli appunti, nell'evitare di far vedere che state leggendo!

WORKSHOP:
analizzate la vostra audience

Se avete già un profilo professionale su un social network provate ad analizzare la vostra *fan base*, ovvero i vostri follower.
Per farlo potete suddividerli in gruppi, come ad esempio:

1. i contatti personali (amici, parenti...);
2. i contatti professionali, al cui interno potete distinguere:
   - pazienti e clienti;
   - colleghi;
   - etc.
3. nuovi contatti, ovvero persone che non conoscete direttamente.

Potete poi divertirvi a suddividerli ulteriormente per fasce di età oppure per sesso. Sapere ad esempio che il 20% dei vostri contatti sono persone che non conoscete direttamente e che questi in prevalenza sono donne intorno ai 40 anni può darvi un'indicazione importante su dove orientare la vostra *content strategy* (ovvero i contenuti che pubblicate online) per renderla più efficace.

4. IL BRAND E LA REPUTAZIONE

Dall'esperienza di Joe in Zwan:

"Spesso le persone con cui collaboro o lavoro mi chiedono il contatto social e rimangono stupite quando rispondo di non avere un profilo. Dico la verità. Uso i social solo a livello aziendale un po' perché non sono nelle mie corde e un po' per evitare di mischiare la dimensione personale a quella professionale. Anche questa è una scelta fatta in base alla mia personalità e le mie attitudini, la stessa cosa che ho consigliato sempre a voi.

Tuttavia, come abbiamo visto, ogni persona è diversa e può trovare la soluzione migliore per sé. Per esempio, il mio socio, Davide Ippolito, non ha fatto la mia stessa scelta ed è molto attivo sui social. Davide non ha rinunciato al suo profilo personale, ma al tempo stesso la dimensione professionale ha finito per fagocitare in gran parte quella personale. Dato che vale così per tutti i professionisti, vi invito a fare una riflessione a riguardo.

*Per essere chiari: **mantenere separata l'identità personale da quella professionale** non significa che la vostra vita personale debba essere top secret. Anzi, come abbiamo visto, essere autentici è il presupposto di una strategia efficace e raccontare in maniera molto oculata qualcosa di se stes-*

si può anche essere funzionale alla causa. Tuttavia bisogna capire che gli aspetti privati devono essere utilizzati in sintonia e in rispetto della vostra professione, facendone sempre una lettura in chiave strategica prima di decidere se condividerli o meno.

Questo perché oggigiorno, in quanto professionisti, bisogna avere veramente cura della propria immagine, che potremmo assimilare a qualsiasi brand, e della propria **reputazione online**. E di questo parleremo in questo capitolo.

La reputazione è uno dei miei argomenti prediletti: era il 2011 quando io e Davide abbiamo fondato Zwan per promuovere la cultura della reputazione in Italia. In questi dieci anni con Zwan abbiamo avuto modo di lavorare con tutte le principali istituzioni e organizzazioni italiane e con moltissime grandi aziende come, per esempio, PMI. Nelle prossime pagine cercherò di sintetizzare quello che ho imparato in questi anni e quelli che crediamo siano i principi più importanti, in termini di reputazione online e brand, per un professionista."

Ha senso
creare un BRAND?

Nel capitolo precedente abbiamo visto diversi case study di psicologi che hanno creato dei
brand, a volte semplicemente utilizzando il proprio nome e cognome. In questo caso si parla di
self-branding. In generale, trattare la vostra identità professionale, con nome e cognome, come
fosse un brand è un'ottima scelta. Quasi tutte le
attività di promozione di cui abbiamo discusso
finora si muovono in quella direzione, pensiamo
al dottor Santarcangelo, tenendo separata in maniera attenta l'identità professionale da quella pri-
vata e personale.

Questo è essenziale ai nostri tempi, in cui la maggior parte ricerca le persone con cui ha che fare
su Google o sui social. Non importa in che campo lavorate, se in azienda, nelle scuole o in uno
studio privato, in quanto professionista siete comunque un **personaggio pubblico,** e per questo
ci sarà sempre qualcuno che vi cercherà online
utilizzando il vostro nome e cognome. Ecco perché quando scrivete qualcosa o commentate una
notizia sui social non dovete mai dimenticarvi del
vostro ruolo sociale. Non soltanto chi vi cerca oggi,
ma anche chi vi cercherà tra dieci anni troverà ciò
che avete scritto... Internet non dimentica!

Vicino a coloro che usano il self-branding, abbiamo altri che, come abbiamo visto in alcuni degli
esempi nel capitolo precedente, decidono di uti-

lizzare un **brand**. Il brand aiuta a rendere meno personale la propria attività e a poter, magari, inserire più facilmente nuovi collaboratori qualora si volesse espandere la propria attività.

Se state pensando di creare un brand e al tempo stesso mantenere una vostra dimensione individuale in quanto professionista, vogliamo mettervi in guardia: dovete considerare l'impegno necessario, sia in termini di tempo che di budget, a gestire due brand distinti. Non solo, sul lungo periodo potrebbero addirittura entrare in conflitto.

Quindi, davanti alla domanda "brand sì o brand no?" dovete rispondere ragionando sulle vostre aspirazioni, sulla tipologia di servizio che offrite, su quanto siate disposti a sacrificare la vostra identità personale in nome di quella professionale e, non per ultimo, se sia vostro desiderio dare vita a un servizio tutt'uno con voi o collettivo.

TIP:
come continuare a utilizzare
i social network in privato

Un buon modo per continuare a utilizzare serena-
mente Facebook o Instagram a livello personale
è quello di creare dei profili con uno pseudonimo
(come ha fatto Joe). Questo semplice escamotage vi offre la possibilità di condividere i vostri
contenuti personali soltanto con le persone inti-
me, senza correre rischi sul piano professionale.
Tuttavia anche in questo caso vi consigliamo di
non dimenticare di impostare le preferenze sulla
privacy disponibili in tutti i social. Insomma, che
il vostro profilo sia fruibile solo dalla vostra cer-
chia ristretta e non da esterni.

La REPUTAZIONE

"Reputazione: la considerazione altrui, convenzionalmente sentita come retta misura della qualità."
Oxford Languages

In termini di economia di pensiero, la reputazione è l'idea predominante, o meglio diffusa, che si ha sulla misura della qualità di qualcosa (un prodotto, un servizio, un professionista o un brand). Crediamo sia inutile sottolineare quanto avere una buona reputazione aiuti enormemente qualsiasi tipo di attività, tanto che è forse il principale facilitatore nelle transazioni economiche.

Per fare un esempio banale: se sappiamo che un professionista gode di buona reputazione – grazie ai suoi interventi in TV, alle sue collaborazioni con università e ospedali prestigiosi, alle sue pubblicazioni o per via dei molti commenti positivi sul suo profilo social – pur non conoscendolo direttamente, probabilmente saremo più propensi a rivolgerci a lui. In questo caso è evidente quanto la reputazione abbia svolto il ruolo di **facilitatore**, visto che il professionista non ha dovuto fare alcuno sforzo diretto per convincerci a contattarlo! Inoltre, allo stesso modo saremo facilmente più propensi a pagare una tariffa più alta, rispetto a quella di un collega di cui non abbiamo alcuna referenza. Ancora una volta, l'impatto economico della reputazione è evidente.

C'è una frase di Henry Ford che ritorna spesso quando si parla di reputazione:

> *«Le due cose più importanti non compaiono nel bilancio di un'impresa: la sua reputazione e i suoi uomini.»*

Questa frase mette in connessione la reputazione e il bilancio evidenziando un aspetto fondamentale: quando parliamo di reputazione parliamo anche di **capitale.** Non a caso Joe quando si riferisce alla realtà di Zwan parla di 'capitale reputazionale' indicando così tutti gli investimenti immessi per la nostra reputazione. Investimenti che vengono via via capitalizzati e in quanto tali possono essere in qualsiasi momento anche 'spesi'. Poniamo il caso di un professionista con un'ottima reputazione come nell'esempio precedente: più facilmente saranno i clienti a cercarlo e, di conseguenza, avrà bisogno di investire meno in pubblicità e in altre attività di marketing, risparmiando tempo e denaro. Ecco, in questo caso è corretto dire che il professionista sta 'spendendo reputazione' invece di denaro. Nei capitoli precedenti abbiamo visto se e quando vale la pena fare pubblicità su Google ADS, pagare per essere presente in una *directory*, promuovere sponsorizzazioni sui social e come cercare di dare un valore economico ai contatti che generiamo attraverso tutte queste attività. Non abbiamo però tenuto conto di una cosa che forse ad alcuni di voi sarà già venuta in mente leggendo: abbiamo omesso il **ritorno che si ha, nel medio-lungo termine, a livello di reputazione**.

La reputazione è un capitale economico, una sorta di salvadanaio dal quale attingere al posto di spendere denaro.

Portiamo un caso specifico. Abbiamo fatto una campagna online per sponsorizzare un nostro saggio, un webinar oppure il nostro sito web con cui siamo riusciti a raggiungere migliaia di utenti. Questi utenti potrebbero, al momento, non contattarci. I motivi potrebbero essere vari e diversi: erano troppo impegnati o gli argomenti che proponevamo non gli interessavano più di tanto, oppure la loro domanda non aveva ancora raggiunto un sufficiente livello di motivazione (insomma, non erano ancora arrivati alla famosa soglia di attivazione). Qualunque sia il motivo, la prossima volta che ci incontreranno (non dubitate: se abbiamo costruito bene la nostra *buyer persona* e presidiamo costantemente la nostra nicchia, ci sarà una prossima volta), il fatto stesso di averci già sentiti nominare li renderà più propensi a contattarci. Insomma, stiamo costruendo la nostra reputazione.

Non solo, investendo su di essa potremmo avere

posto un seme in grado di dare frutti nel momento in cui, per esempio, un amico di quell'utente avesse bisogno del nostro servizio. Non possiamo prevederlo, ma potrebbe dire: "Non so se conosci questo psicologo, cercalo su internet perché parla proprio di queste cose". E così avremmo messo in moto un passaparola reputazionale.

CASE STUDY:
social network e reputazione

Vogliamo farvi un esempio sul rischio che si corre nel sottovalutare l'impatto di un uso non cosciente dell'identità personale sui social.

Qualche anno fa, nel pieno dell'ultima crisi economica, Joe seguiva con Zwan un'azienda impegnata in un'importante ristrutturazione interna che prevedeva – tra le altre cose – degli esuberi.
Mentre le trattative sindacali andavano avanti in maniera piuttosto tesa, l'amministratore delegato, durante un fine settimana, postò sui social una foto che lo ritraeva sorridente su una barca a vela. Inutile dire che quella foto, anche se innocente e pubblicata senza malizia, non lo aiutò sul piano professionale nel portare avanti la trattativa... e mise sia lui sia l'azienda in imbarazzo.

Ecco un esempio semplice di identità personale che collide con quella professionale.

FOCUS:
il referral, ovvero
la reputazione applicata alle reti

Per referral si intende il contatto che ci arriva su segnalazione di una conoscenza comune (il referrer). Di solito è il paziente che vi contatta perché ha avuto il vostro nominativo da un ex-paziente soddisfatto, oppure l'amministratore delegato che vi chiama perché un vostro amico gli ha parlato bene di voi.

Ognuno di noi vive all'interno di una rete sociale online in cui ciascuna conoscenza può essere rappresentata da un nodo della rete al quale siamo connessi. Nel momento in cui otteniamo un referral, di fatto stiamo espandendo il nostro network (ovvero i nodi ai quali siamo connessi direttamente) attingendo dalle conoscenze delle nostre conoscenze.

Quando si lavora sulla reputazione una parte fondamentale delle attività riguarda la promozione dei referral. Se lavorate con le aziende, provate a pensare a come ottenere da loro nuovi referral: è sicuramente più semplice ottenere nuovi clienti quando ci sono conoscenze in comune pronte a raccomandare il nostro servizio! Per altri di voi, soprattutto se lavorate con privati, la raccolta dei referral potrebbe essere più complicata, tuttavia siamo convinti che con la dovuta attenzione e serietà ci sia sempre la possibilità di intercettare un'opportunità, magari consigliando poi un collega con il quale creare così delle sinergie. In fin dei conti, si tratta di dare una possibilità di scelta in più a chi ne ha bisogno.

La raccolta
delle TESTIMONIANZE

La raccolta online delle testimonianze è l'evoluzione del concetto di *referral*. Grazie alle testimonianze possiamo, infatti, utilizzare il giudizio positivo espresso dai nostri stakeholder (ovvero i pazienti, i clienti ma anche colleghi, giornalisti, professori universitari e rappresentanti delle istituzioni) come elemento persuasivo nei confronti di nuovi utenti. Alla base dell'efficacia delle testimonianze c'è il **principio di identificazione**, per cui, se alcuni membri del nostro stesso gruppo sociale esprimono un giudizio positivo su un prodotto o un servizio, probabilmente saremo più propensi a provarlo, partendo da quel giudizio positivo.

Il principio è lo stesso che è alla base delle recensioni dei prodotti su Amazon o dei ristoranti su TripAdvisor: forse non comprerete necessariamente un prodotto solo perché ha cinque stelle, ma di certo non comprereste mai uno che ha solo recensioni negative!

Questo principio identificativo vale anche nei confronti di chi, pur non appartenendo al nostro stesso gruppo sociale, rappresenta per noi un modello di riferimento. In quest'ottica sono benvenute le parole di tanto in tanto spese a favore della professione psicologica da parte di personaggi noti.

Raccogliere testimonianze, ovvero racconti positivi di coloro che hanno usufruito del vostro

servizio, è quindi uno dei mezzi determinanti per trasferire ai nuovi contatti la nostra reputazione positiva, partendo da chi quella reputazione è disposto a sottoscriverla. Spesso, però, i professionisti sono restii nel chiedere le recensioni ai loro clienti. Anche se pensiamo che questa timidezza sia comprensibile, non dobbiamo dimenticarci che molto dipenda dal settore in cui si lavora. Insomma, uno psicologo che lavora per le aziende avrà meno difficoltà a richiedere una testimonianza di uno impegnato con i privati.

Un buon modo per raccogliere le testimonianze in maniera indiretta – a prescindere dall'ambito lavorativo – è quello di pubblicare un libro su Amazon o creare la scheda del proprio studio su Google Maps: in questo modo gli utenti potranno lasciare in forma volontaria commenti positivi sulla loro esperienza con voi o il vostro prodotto e, indirettamente, potenzieranno la vostra reputazione professionale!

TIPS:
valorizzate le vostre referenze

Ricordatevi sempre di apporre le vostre conquiste, che possono essere pubblicazioni accademiche, interventi a conferenze o nei media, nel vostro sito web e/o nei vostri profili online. Si tratta di strumenti validissimi con cui aumentate la vostra autorevolezza. In questo modo l'utente che viene a contatto con voi sposterà l'autorevolezza del brand (per esempio di un'università o di un'associazione) su di voi, in un bias cognitivo che può solo che essere benefico.

Vi ricordate la dottoressa Therese? Lei faceva un ottimo uso dei referral nella sezione del suo sito web "Quick links" in cui ha inserito tutti i link di articoli pubblicati su riviste e siti web.

Dalla reputazione
alle "REPUTAZIONI"

Quando parliamo di reputazione l'idea che inevitabilmente abbiamo è che sia un unicum in cui viene raccolto e unito tutto ciò che si dica di noi a qualsiasi proposito. Anche se in parte è vero, come concetto non deve, però, limitarci a livello operativo ostacolando lo sviluppo di strategie ad hoc[14].

Per fare un esempio: chiunque di voi potrebbe avere un'ottima reputazione come professionista e non avere una reputazione altrettanto buona come docente o come ricercatore.

Oppure, un altro potrebbe avere un'ottima reputazione presso le istituzioni con le quali collabora ma non averne una altrettanto buona nel suo team di colleghi.

In quest'ottica, la reputazione è a tutti gli effetti una complessità, un valore che conviene analizzare nelle sue varie dimensioni e che si può comprendere solo soppesando tutte le entità che contribuiscono alla sua formazione. Per questo motivo Joe in Zwan ha sviluppato un metodo multidimensionale che analizza sia individualmente sia a sistema i vari canali attraverso cui viaggia la nostra reputazione (che chiamiamo *dri-*

---

[14] Qua si riprende il discorso affrontato sul buyer persona e sulle scelte di content strategy e registro: è impossibile fare qualcosa che sia efficace allo stesso modo per tutto e tutti.

ver) e i diversi interlocutori che la alimentano (che chiamiamo *stakeholder*).

Sebbene negli ultimi dieci anni Zwan abbia sviluppato e applicato questo modello di analisi principalmente su grandi organizzazioni, può comunque offrire un quadro esaustivo per comprendere il tema (trovate il modello nel box di approfondimento).

FOCUS:
le dimensioni della reputazione

Come abbiamo visto è possibile analizzare la reputazione in funzione dei diversi *driver* e *stakeholder*.

I *driver* sono i veicoli principali della reputazione stessa e permettono di formulare il giudizio dell'organizzazione o del professionista in merito a:

- **Prodotti & servizi**: ovvero la percezione dell'affidabilità dell'offerta di prodotti e servizi; questo è forse l'asset più legato al consumatore. La reputazione pubblica di un brand parte certamente da qui, ovvero dal prodotto e/o servizio erogato;
- **Leadership & innovation**: il rispetto e la fiducia che infonde il top management – CEO su tutti – e la capacità che ha questo di innovare;
- **Corporate Social Responsibility (CSR)**: le attività che attengono alla responsabilità sociale d'impresa, manifestata attraverso una mission e dei comportamenti socialmente responsabili, etici e vicini alla comunità di riferimento;
- **Workplace & governance (CG)**: gli standard etici, i valori cardine e il mindset alla base della gestione dei processi organizzativi e dell'ambiente di lavoro;
- **Performance**: capacità dell'organizzazione di mantenere le promesse non solo finanziari, ma anche economiche nei confronti dei propri *stakeholder*.

Per quanto riguarda invece gli *stakeholder*, è bene sottolineare come le organizzazioni entrino ogni giorno in contatto con una serie di interlocutori molto diversi che possono percepire una diversa qualità della stessa reputazione. I principali *stakeholder* che di solito si analizzano sono:

- **Consumatori e clienti**: ovvero quello che pensano e dicono coloro che utilizzano i nostri prodotti o i nostri servizi;
- **Investitori e finanziatori**: ovvero come veniamo percepiti da potenziali portatori di capitale;
- **Dipendenti e colleghi**: come si comportano e come vivono l'ambiente di lavoro, come valutano i percorsi di crescita e in generale il comportamento dell'organizzazione nel suo insieme;
- **Società e istituzioni**: vale a dire l'attività di posizionamento istituzionale e la percezione che hanno di noi le istituzioni (locali o nazionali), ma anche le associazioni e i comitati;
- **Fornitori**: ovvero la qualità del rapporto che l'organizzazione ha con i suoi fornitori.

TIPS:
la CSR come opportunità
di intervento

La *Corporate Society Responsibility* (di solito abbreviata in CSR) rappresenta l'impegno di qualsiasi azienda a implementare e gestire le problematiche d'impatto sociale ed etico nella loro attività, elemento che, come abbiamo visto, è uno dei *driver* della reputazione. Un esempio: nel caso di uno psicologo potrebbe essere l'impegno a prendere parte alle associazioni locali, a fare **volontariato** oppure altre attività pro bono (purché queste non abbiano un ruolo preponderante che rischi di svalutare questa professione che necessita di un adeguato riconoscimento economico) Un professionista attivo dal punto di vista sociale, ovvero integrato nelle dinamiche relazionali del proprio network, vedrà effetti positivi sulla propria reputazione, entrerà facilmente in contatto con nuovi utenti e otterrà nuovi *referral*.

L'EVANGELIST,
ovvero il Santo Graal
della reputazione

Il massimo risultato di una campagna di *reputation marketing* è soltanto uno: riuscire a ottenere degli *evangelist*!

Ma chi sono? Come il nome, in maniera un po' pretenziosa, suggerisce, gli *evangelist* sono utenti talmente entusiasti del vostro servizio che si attivano spontaneamente per promuoverlo nel proprio network.

Possiamo quindi pensare agli *evangelist* come a coloro che fungono sia da testimonial e che da *referrer*: sono utenti che non solo apprezzano il vostro servizio, non solo sono disposti a parlarne bene e darne testimonianza, ma si spendono spontaneamente per promuoverlo.

Per rendere l'idea di quanto profonda sia questa convinzione riporto le parole di Guy Kawasaki, negli anni Ottanta brand evangelist di Apple, nonché colui che ha coniato questo termine:

> «L'evangelismo consiste nel convincere le persone a credere nel tuo prodotto e alle tue idee tanto quanto ci credi tu, attraverso il fervore, lo zelo, l'intuizione e la perspicacia, in modo da rendere i tuoi clienti e il tuo staff appassionati alla tua causa quanto a te.»

In poche parole è lo stesso tipo di partecipazione che è possibile raggiungere attraverso una salda relazione terapeutica, ovvero quando l'utente, cessato di vedere come qualcosa di esterno il percorso che sta compiendo, lo fa proprio. Avrete senz'altro incontrato questo tipo di utenti e probabilmente sono gli stessi che vi hanno lodato e consigliato ad amici e conoscenti.

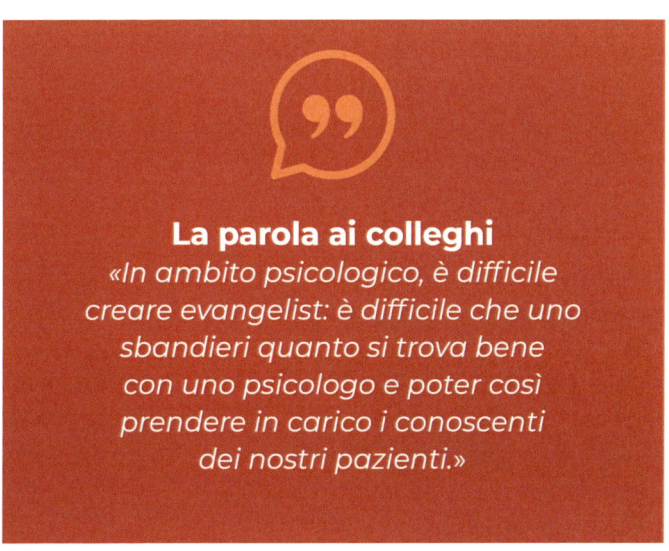

La parola ai colleghi
«In ambito psicologico, è difficile creare evangelist: è difficile che uno sbandieri quanto si trova bene con uno psicologo e poter così prendere in carico i conoscenti dei nostri pazienti.»

FOCUS:
il problema del passaparola
e la professione psicologica

Si tratta di un'osservazione, quella appena racchiusa nel box, spesso ripetuta durante le nostre formazioni. Crediamo che molto dipenda dal contesto. Pensiamo, infatti, che generalmente in Italia si sia sviluppata un'apertura verso l'argomento salute mentale, con meno pregiudizi e reticenze di prima. Tuttavia, bisogna anche riconoscere quanto esistano ancora bacini duri, che mai consiglierebbero all'amico o famigliare il supporto psicologico.

Non per ultimo, anche in questo caso, riteniamo ci siano delle eccezioni in cui gli ex-utenti sono più propensi a fare da *evangelist*: pensiamo al caso di una famiglia aiutata con un bambino con lievi difficoltà nell'apprendimento, allo psicologo sportivo che ha seguito un atleta per potenziare il mindset, o allo psicologo aziendale. In questi esempi è sicuramente più semplice contare sul passaparola.

WORKSHOP:
individua i tuoi evangelist

Sebbene, come abbiamo visto, raccogliere testimonianze e promuovere il passaparola possa essere un argomento molto complesso in ambito psicologico, crediamo sia utile riflettere su quali dei vostri utenti, nel corso degli anni, sono diventati vostri *evangelist*.

Vi invitiamo quindi a fare un elenco di tutte le persone che vi hanno spontaneamente raccomandato ad amici, conoscenti, colleghi.

Dopo averli individuati, chiedetevi:

- C'è qualcosa che li accomuna?
- Avete provato con loro un'emozione differente da quella provata con altri, per esempio?
- Avevano qualche elemento che li accomunava non soltanto dal punto di vista della personalità, ma anche sociale o lavorativo?

Pur se cosciente di quanto ognuno possa avere avuto le proprie motivazioni nel consigliarvi ad altri, siamo convinti che ponderare e riflettere sui vostri *evangelist* potrebbe darvi importanti informazioni sui vostri punti di forza e su quale strategia intraprendere per riuscire ad accrescere il loro numero.

DOMANDE E RISPOSTE

L'aspetto più interessante dell'intrattenere un rapporto con la comunità dei professionisti della psicologia, e che inevitabilmente si perde in un libro, è l'interazione e il fermento che si vengono a creare. In conclusione vorremmo, quindi, provare a ricreare quell'esperienza condividendo con voi alcune delle domande che sono state fatte dai colleghi durante alcuni incontri.

Provate a rispondere ai quesiti liberamente, uno a uno. Si tratta di un'ottima occasione per riflettere e mettere, così, a frutto quello che avete letto fino a ora. Ragionando sugli elementi esposti potreste anche trovare delle risposte che fanno a caso vostro.

- *Sono una psicologa clinica che lavora con diverse fasce d'età. Conviene che io apra due o tre siti specifici per i temi delle differenti legate alle fasce d'età? Questo al fine di indirizzare meglio la ricerca degli utenti? Per esempio il padre divorziato potrebbe arrivare attraverso articoli che io scritto sulle difficoltà dei figli separati.*
- *Nell'ambito psicologico mi chiedo quanto sia facile per l'utente fare ricerche 'a coda lunga' perchè non so quanto siano in grado di definire la problematica in modo così specifico...*

- *Dato che non intendo pagare per comparire, come posso indicizzarmi a budget zero? Su cosa devo puntare? Quali metodi di merito-crazia internet riesce a garantire?*
- *La nicchia non rischia di tenere fuori una gran parte di opportunità di lavoro se il proprio campo è più vasto?*
- *Considerando che spesso i nostri clienti arrivano dalla collaborazione con le realtà del territorio (ci vengono inviati da altri clienti o associazioni di vario tipo), ha senso spendere tempo ed energie nel cercare di comprendere ed utilizzare tutti questi strumenti?*
- *Ha senso fare anche un sito internet personale se siamo già iscritti ad un portale di ricerca psicologi?*
- *Rispetto alla considerazione di non volere far credere a un utente che si vuole vendere un servizio, mi viene da dire che la verità nella maggior parte dei casi è che se ci si promuove su internet si desidera vendere se stessi e il proprio servizio. Non è scorretto voler far credere altro? L'importante è farlo con trasparenza e competenza, no?*

Lightning Source UK Ltd.
Milton Keynes UK
UKRC031915100122
396938UK00003B/228